O Poder da Oração por seus Filhos

Debbie Salter Goodwin

O Poder da Oração por seus Filhos

Tradução de **Markus André Hediger**

Thomas Nelson Brasil®

Rio de Janeiro - 2013

Título original
The Praying Parent

PUBLISHER	*Omar de Souza*
EDITOR RESPONSÁVEL	*Samuel Coto*
PRODUÇÃO	*Adriana Torres* *Thalita Ramalho*
PRODUÇÃO EDITORIAL	*Daniel Nascimento* *Thiago Braz*
ADAPTAÇÃO DE CAPA	*Roger Conovalov*
TRADUÇÃO	*Markus Hediger*
COPIDESQUE	*Marília Lamas*
REVISÃO	*Victor Almeida* *Luiz Antonio Maio*
DIAGRAMAÇÃO E PROJETO GRÁFICO	*Especial Book's Editoração Ltda.*

CIP-BRASIL. CATALOGAÇÃO NA FONTE
SINDICATO NACIONAL DOS EDITORES DE LIVROS, RJ

G656p

Goodwin, Debbie Salter.
O poder da oração por seus filhos / Debbie Salter Goodwin; [tradução de] Markus André Hediger. – Rio de Janeiro: Thomas Nelson Brasil, 2013.

Tradução de: The praying parent
ISBN: 978-85-7860-442-4

1. Oração–Cristianismo. 2. Vida cristã–filhos. I. Hediger, Markus André. II. Título.

CDD: 248
CDU: 248.12

Rua Nova Jerusalém, 345 – Bonsucesso
Rio de Janeiro – RJ – CEP 21402-325
Tel.: (21) 3882-8200 – Fax: (21) 3882-8212 / 3882-8313
www.thomasnelson.com.br

Dedicado a Lisa Kay Goodwin,
a única que faz de mim uma mãe.

Você é um presente para mim, um pacote surpresa cheio de alegrias e desafios. Ambos têm me levado a ficar de joelhos para agradecer e pedir ajuda. Foram nesses momentos de entrega e celebração que aprendi as lições deste livro.

Não as esqueço por causa de você.

Sumário

Como usar este livro

Este livro será tão útil para você quanto as orações contidas em suas páginas, para guiá-lo na direção certa. Existem várias maneiras de usá-lo como ferramenta, tanto para aprender a orar como para realizar a oração.

1. Compre um livro de anotações e faça dele seu diário de oração. Anote nele as orações que você faz baseadas nos princípios deste livro. Anote a data. Deixe um espaço para comentários. Use-o para registrar as mudanças em você e em seu filho.

2. Compre um pequeno caderno de anotações e divida-o em partes, uma para cada filho. Escreva orações curtas baseadas nos princípios e nos textos bíblicos deste livro. Anote a data. Deixe espaço para comentários.

3. Use o livro num grupo de oração de pais. Estude o livro num ritmo devagar o suficiente para que possam ficar responsáveis por cada lição. Reserve bastante tempo para orar. Compartilhe seus comentários com os outros. E não se surpreenda caso a mudança precise começar de você, antes de ocorrerem em seus filhos.

4. Pense em ler ou rever os princípios e as orações deste livro pelo menos uma vez por ano. Use-o para avaliar sua jornada pessoal de oração. Suas reações mudaram por causa das orações que passou a fazer? O que você aprendeu sobre Deus? Como a oração se transformou em parte integral de seu crescimento espiritual?

5. Escreva orações para seus filhos. Transcreva-as para diários encadernados e entregue-os a seus filhos em ocasiões importantes: formaturas, quando entrarem na faculdade, em seus casamentos etc.

Agradecimentos

Este livro foi uma jornada, e muitas pessoas exerceram influência sobre ela. Minha primeira editora, Jeanette Gardner, contribuiu com uma visão maior para minhas ideias originais.

Bonnie Perry, diretora da Beacon Hill Press em Kansas City, tem sido minha paciente editora. Quando a cirurgia cardíaca de Lisa me forçou a suspender todos os projetos, Bonnie esperou. Quando uma mudança inesperada para Portland consumiu grande parte do tempo que havia reservado para escrever, Bonnie esperou. Quando Lisa passou por outra crise de saúde, que durou cinco meses, ela esperou. Bonnie, você é a editora dos sonhos de todo escritor.

Minha editora atual, Judi Perry, transferiu minhas palavras do manuscrito para a página impressa. Obrigada por discutir cada detalhe, mantendo em mente, ao mesmo tempo, a visão geral de nosso projeto.

Há outra pessoa cuja influência profunda sobre minha jornada pessoal está presente em cada parte deste livro. Sendo uma jovem no começo da carreira, trabalhei na equipe de Glaphré Gilliland e aprendi seus ricos ensinamentos sobre a oração. Foram lições muito importantes para mim. Ela me ajudou a entender que a oração tem mais a ver com o que Deus é do que com aquilo que eu quero.

A família sempre é parte essencial de qualquer projeto de livro. Meu marido, Mark, incentivou, encorajou, aconselhou, leu, ouviu e celebrou cada passo em direção ao produto final. Obrigada. Você é o amor da minha vida, e sempre escreverei melhor com você ao meu lado.

Obrigado à família, aos amigos, aos autores colegas, às irmãs da contabilidade, obrigada por suas orações constantes e seu generoso incentivo. Ofereço estas páginas como forma de agradecimento.

Querido Deus,

Como posso dar aos meus filhos aquilo de que mais precisam? Vejo como os presentes de aniversário e de Natal perdem seu status, como se desgastam e acabam no lixo ou num bazar. Não quero gastar tempo e dinheiro com presentes que não duram. Nem mesmo boas habilidades paternas parecem ser o suficiente. Existe algo capaz de causar um impacto duradouro?

Uma filha que aguarda uma resposta.

Querida filha,
você orará?

O Deus que ouve.

1
Oração: o presente que dura

A oração busca a presença de Deus e libera o poder dele.

— Stormie Omartian, *O poder dos pais que oram*

"Câncer inoperável", disse o médico. As palavras ficaram presas como moscas numa teia de aranha. Kay, uma esposa e mãe de trinta anos de idade, não conseguiu se livrar das garras da morte que aquele diagnóstico trouxe. O que seria de Lisa, sua filha de dezoito meses? Como mãe, aplaudira suas primeiras palavras, celebrara seus primeiros passos, se divertira com suas primeiras expressões e observara com alegria o surgimento de sua maravilhosa e única personalidade. Havia tanto à frente na vida dessa pequena garota e tão pouco tempo sobrando na própria vida de Kay.

Durante os três meses que seriam os últimos da sua vida, ela orou muito por Lisa. Orou para que sua filha viesse a conhecer Deus de forma especial. Orou principalmente para que ela perdesse sua insegurança traumática, evidenciada pelo medo implacável da creche da igreja.

Quando Kay morreu, levou consigo seus sonhos de uma maternidade futura, mas deixou suas orações com Deus. A oração é o presente que não morre. Sei disso porque entrei no círculo de amor do qual Lisa provinha quando me casei com o pai dela. Tornei-me sua "nova" mãe. Tenho sido testemunha das respostas às orações de Kay por Lisa. Por exemplo: desde cedo, Lisa desenvolveu uma sensibilidade espiritual diametralmente oposta a suas dificuldades de aprendizagem. Além disso, Deus lhe deu um senso de segurança abundante, necessário a ela devido às limitações de uma vida repleta de deficiências. Agradeço a Deus pelas orações de Kay, pois tive a oportunidade de usá-las como base. Nunca estive tão certa de que a oração é o presente mais importante que podemos dar a nossos filhos, porque elas permanecem no coração de Deus para sempre. Nunca morrem.

Muitos de nós somos iniciantes na prática da oração, como alunos do jardim de infância lidando com questões da trigonometria do ensino médio. Pelo menos é essa a impressão que temos. Quando há muita coisa em jogo, e estamos cientes de que dependemos da oração para mudar o rumo de nossa história, será que sabemos como fazê-lo?

Desde o início, os autores do Antigo e do Novo Testamento atribuíram muitas coisas à oração:

Isaque orou por causa da infertilidade de sua esposa, e ela ficou grávida. (Gênesis 25:21)

Davi orou por causa da praga que estava assolando Israel, e a praga cessou. (2Samuel 24:25)

Ezequias orou por causa da doença que ameaçava sua vida, e Deus o curou. (2Reis 20:5)

Isaías orou por proteção contra o inimigo de Israel, e Deus afastou o inimigo. (2Crônicas 32:20-21)

Essas orações causaram mudanças nas circunstâncias, restauraram a saúde e ofereceram proteção contra o inimigo. Foram feitas por pessoas que acreditavam que Deus tinha as respostas certas para os clamores de seus corações. Isso, certamente, também se aplica ao caminho que percorremos como pais.

No entanto, nenhuma passagem da Bíblia diz que temos controle sobre as respostas às orações que fazemos, seja pelos nossos filhos ou por nós mesmos. Em nenhum lugar na Bíblia existe a promessa de que receberemos orientações para lidar com as mudanças que acontecerão se orarmos. Em vez disso, a Bíblia nos incentiva a orar com frequência, sempre e sem cessar (1Tessalonicenses 5:17).

Para ser sincera com você, mais do que qualquer outra coisa, são os momentos de crise que me põem de joelhos. É quando nada funciona que penso em orar. Quando olho pra trás e me lembro de meus anos como mãe, fico envergonhada por ter falado ou agido antes de orar. Por ter ficado preocupada antes de orar. Por ter consultado um livro ou um amigo antes de orar.

Se eu realmente acredito que a oração causa o maior impacto, eu não deveria então orar primeiro?

O que você faz primeiro?

Quando seu filho enfrenta um problema, qual é sua primeira reação?

Ordene a lista abaixo de acordo com aquilo que você realmente faz na maioria das vezes, não com o que você gostaria de ter feito.

( ) **Falar sobre o problema.**

( ) **Preocupar-se com aquilo que poderá acontecer.**

( ) **Culpar alguém pelo problema.**

( ) **Orar sobre qual deveria ser sua primeira atitude.**

( ) **Sentir-se culpado por seus erros como pai ou mãe.**

( ) **Pedir conselhos a um amigo.**

( ) **Ler ou reler um livro sobre como ser pai ou mãe.**

( ) **Instruir seu filho sobre o que ele deve fazer.**

( ) **Buscar sabedoria na Palavra de Deus.**

Outra pergunta

Quando seu filho se encontra em alguma dificuldade, e você decide orar, qual é o foco de sua oração? Alguma de suas orações começa assim?

Senhor, não deixes que...

Por que isso teve que acontecer?

O que faremos se...?

Você sabe qual é o problema dessas orações? Todas elas concentram-se nas circunstâncias, o que gera medo. Afinal, não temos controle sobre as circunstâncias. As escolhas que nossos filhos, parentes ou outras pessoas fazem muitas vezes fogem de nosso controle, assim como acidentes e problemas de saúde não são manipuláveis. Então, o que fazemos? Como devemos orar diante de circunstâncias incontroláveis?

Em vez de focar nos detalhes destrutivos das circunstâncias, deveríamos nos focar em Deus. Deveríamos fazer em nossas orações aquelas perguntas que trarão respostas transformadoras. Precisamos pedir a Deus: *O que esperas de mim? Como posso orar por isso? Como posso mudar minha postura em relação a isso? Como queres que eu ajude?* Deus sempre responderá a essas perguntas, pois as respostas nos transformarão. Além do mais, as respostas a essas perguntas terão um impacto maior do que qualquer coisa que seja causada por meras circunstâncias.

Fazendo orações transformadoras

A obediência responde às perguntas vindas das orações transformadoras porque essas orações não acusam ninguém. Não focam em circunstâncias. Não são respondidas com novas informações sobre mudanças circunstanciais. Quando você estiver disposto a obedecer, fará perguntas e Deus responderá com instruções que só você pode seguir.

Exemplos:

O que queres que eu faça agora?

Qual é o próximo passo?

O que causará um impacto?

Como posso fazer o que queres?

Como posso ajudar da melhor maneira?

Como posso permanecer calmo, ou suportar, ou ficar em silêncio, ou falar a verdade num espírito de amor?

Como queres que ore por isso?

Como posso orar em cooperação com tua vontade?

Qual a pergunta transformadora que você precisa fazer em oração neste momento?

Ao contrário daquilo que muitos pensam, não oramos para mudar nossos filhos. Oramos para mudar a nós mesmos. Nossas posturas e ações transformadas podem causar mudanças nas reações e decisões de nossos filhos. No entanto, isso nem sempre acontece de imediato ou da maneira como imaginamos.

Por que orar?

Sabemos que a Bíblia pede que oremos e que orar é a coisa certa a se fazer. Mas sabemos por quê? Tenho conversado com pais que me perguntam ingenuamente: "Se Deus sabe tudo que acontecerá, como minha oração pode provocar qualquer mudança?" Essa pergunta baseia-se em circunstâncias. A resposta a essa pergunta, no entanto, diz respeito à transformação — sobretudo a nossa própria transformação. Por isso, precisamos rever os seguintes princípios-chave:

1. A oração me conecta com aquele que sabe todas as coisas

Como pais, não gostamos de reconhecer que não sabemos tudo. Há dias, inclusive, em que sentimos que não sabemos nada. Já que Deus sabe tudo, precisamos que ele nos diga o que precisamos saber ou fazer. Ninguém mais tem essa visão completa. Ninguém mais entende tão bem nosso papel como um todo e compreende o fim desde o princípio. É inocência achar que nossas informações parciais e limitadas bastam para causar diferença nas vidas de nossos filhos. Precisamos da orientação onisciente de Deus.

Achamos que é mais fácil confiar em nosso conhecimento humano: naquilo que pensamos, sentimos e experimentamos. No entanto, quando fazemos isso, corremos o risco de permitir que algo diferente da confiança em Deus controle nossas ações e reações. Pode ser o medo, um desejo de controlar, de ser aceito, ou qualquer outra insegurança que possa influenciar nossa percepção e nossas ações. É por isso que precisamos estar conectados ao único que sabe todas as coisas. É por isso que oramos.

Deus não recebe informações por meio de nós ou de algum outro conselheiro. Ele sabe tudo. E já que não podemos compreender tudo aquilo que ele alcança, ele compartilha sua sabedoria conosco. No entanto, há uma condição: precisamos ser obedientes e atentos se quisermos receber sua sabedoria. Você se lembra de Tiago 1:6? Não podemos vir a Deus esperando poder escolher o que mais nos agrada daquilo que ele nos diz. Precisamos sempre agir baseados num compromisso prévio de obedecer a qualquer coisa que ele nos diga.

O que estas passagens das Escrituras afirmam sobre o conhecimento de Deus?

Isaías 40:14

____

____

Romanos 11:33-36

____

____

Daniel 2:21-22

____

____

Não é que nos esquecemos da onisciência de Deus. Simplesmente não agimos de acordo com esse conhecimento. Acompanhamos nossos filhos em seus problemas na escola, no namoro, no casamento e no trabalho. E sempre percebemos que não sabemos tudo. Isso nos assusta. E nosso medo nos faz tentar descobrir um pouquinho mais do que já sabemos. Na verdade, a única informação de que precisamos é uma compreensão correta daquilo que *realmente* está acontecendo. Podemos reunir fatos sobre uma situação ou uma pessoa, mas nem sempre podemos entender seus motivos. Continuamos a nos deparar com aquilo que não sabemos.

As orações que faço por meus garotos me ensinaram muito sobre confiança e entrega.

— Gary Sivewright

Naturalmente, oramos por isso. Queremos que Deus acrescente alguma informação específica a nosso conhecimento. Queremos saber se a senhora Dunn será a professora de Susie no segundo ano. Queremos saber se John receberá a promoção de que tanto necessita. No entanto, a oração não é simplesmente um instrumento para obter informações novas. Na verdade, uma das primeiras coisas que precisamos fazer quando oramos é abrir mão de nossa necessidade de conhecer o futuro. Esse ato de submissão nos põe em contato direto com tudo aquilo que Deus sabe.

Evidentemente, isso não significa que Deus nos dirá tudo aquilo que desejamos saber. Ele nos promete revelar o que somos capazes de seguir. Isto é tudo que ele pede de nós: que obedeçamos ao que sabemos. Deveria servir de consolo perceber que não precisamos fazer mais do que isto: obedecer. Repousamos na certeza de que Deus sabe, e que, por isso, não precisamos saber. Aquilo que ele conhece sobre seu filho é o correto. Sua percepção nunca o engana.

Aplicar esse conhecimento à oração significa perguntar a mim mesma: *o conhecimento que Deus tem é suficiente para lidar com essa crise ou dificuldade?* Quando reconheço que sim, não preciso de mais nada, além daquilo que ele decide revelar a mim. Quando oro para aquele que sabe tudo, ele me fornece o discernimento que me ajuda a orar pela necessidade real do meu filho, me protege da tentação de orar apenas pelo afastamento dos sintomas de um problema e me orienta a orar com base nas realidades que ele vê, mesmo quando essas são diferentes daquelas que eu consigo perceber.

Senhor,

Somos gratos por seres nosso Pai. Quando vamos a ti com questões que não entendemos sobre nossos filhos, tu as entendes. Somos gratos a ti pela tua Palavra e pela maneira como ela nos guia ao lidarmos com nossos filhos. Tu nos dás a sabedoria no exato momento em que dela necessitamos, e nós nos enchemos de alegria. Somos privilegiados por poder te chamar de nosso Pai e saber que podemos entregar nossas preocupações a ti.

Grata por tua sabedoria,

Uma mãe que se apoia em ti,

Ina Strait.

Por exemplo

O que fazer quando acho que meu filho ou minha filha está se envolvendo num relacionamento com a pessoa errada? Primeiro, ao lembrar-me de que Deus sabe tudo, preciso reconhecer também que ele sabe o que despertou em meu filho o desejo por esse relacionamento. Ao reconhecer que ele sabe o que eu não sei, sou levada a pedir sabedoria para entender a necessidade real do meu filho. Essa necessidade pode ser fruto da insegurança, baixa autoestima, desejo de ser aceito(a) etc. Talvez eu não seja capaz de satisfazer essa necessidade, mas posso cooperar para que a maneira de Deus a satisfaça. Além do mais, ao focar na necessidade real, sou menos propensa a agir de forma que incentivará meu filho a se entregar ainda mais a esse relacionamento errado.

A primeira oração essencial

Protege minha boca de dizer qualquer coisa além da tua sabedoria.

Que minhas atitudes reflitam aquilo que tu sabes e eu não.

Protege-me de reagir por medo de uma situação.

Ajuda-me a demonstrar minha confiança em tua onisciência.

Dá-me teu entendimento das necessidades reais do meu filho.

Ajuda-me a desenvolver um relacionamento que incentive meu filho a falar sobre suas necessidades.

2. A oração me conecta com o único que ama meu filho mais do que eu mesma

O amor de um pai e de uma mãe é forte. Leva homens adultos a fazer caretas engraçadas e a brincar com coelhos de pelúcia só para arrancar um sorriso de seu bebê recém-nascido. Leva mães a passar noites em claro sem reclamar. Libera forças sobre-humanas quando a vida de um filho depende disso.

E de onde veio esse amor dos pais? Quem foi o primeiro pai? Deus, é claro. Só podemos amar nossos filhos na mesma medida em que aprendemos e experimentamos o amor de Deus por nós.

O amor de Deus é um amor eterno que nos atrai para ele. É um amor generoso, imerecido, que nos faz seus filhos. Não é um amor suposto — é um amor demonstrado. Deus nos deu a melhor prova de seu amor ao entregar seu Filho para que fosse exemplo e mensagem de seu profundo amor.

Descreva o amor de Deus com a ajuda dos seguintes versículos:

Jeremias 31:3

____

____

1João 3:1

____

____

1João 4:9

____

____

Romanos 8:35-39

____

____

Podemos confiar em seu amor

Nunca esquecerei a expressão de pavor absoluto no rosto daquela mãe quando lhe contei que entregara totalmente a minha filha aos cuidados de Deus. "Nunca conseguiria fazer isso", ela falou, como se eu tivesse dito um absurdo. Ela realmente acreditava que ninguém além dela, nem mesmo Deus, seria capaz de defender, proteger, explicar, instruir ou alimentar seu filho como ela o fazia. Afinal de contas, era a mãe. O amor de uma mãe não é forte o suficiente para dar conta de tudo?

Creio que a maioria de nós reconhece que o amor dos pais tem seus limites. Mas será que entendemos que o amor de Deus não tem? Será que realmente acreditamos que o amor de Deus é bondoso, generoso, companheiro, estável, poderoso e que nunca falha? Quando levamos nossos filhos a Deus em oração, levamos àquele que os ama melhor, mais profunda e perfeitamente do que nós jamais seríamos capazes. Que alívio! Se o crescimento e a maturidade espirituais do meu filho dependessem da expressão perfeita do meu amor a cada instante, teríamos um problema enorme. E você também.

A boa notícia é que não funciona assim. Aquele que demonstra a natureza, o sentido e as formas de amor, ama nossos filhos *conosco*, *por meio* de nós e, às vezes, *por* nós. A pergunta é: v*ocê confia que o amor de Deus é grande o suficiente para causar um impacto em qualquer situação que seu filho enfrente?* Levamos nossos filhos a Deus por meio da oração a fim de nos lembrar de que não somos a última esperança deles. Deus os ama muito mais do que nós. A oração nos ajuda a encontrar meios de cooperar com um amor que é maior do que nosso.

3. A oração me conecta com aquele que dispõe de todos os recursos para ajudar

Estou sempre pensando. Acho que preciso dispor de opções quando enfrento uma situação difícil. Esse é meu ponto forte *e* meu ponto fraco. Como ponto forte, isso me protege de cultivar uma visão limitada. Mas como ponto fraco, representa uma tentação de resolver meus problemas por minha conta, de pedir a bênção de Deus após ter decidido o que fazer. Em vez disso, preciso orar para rever os recursos que Deus tem à disposição. Preciso estar consciente desses recursos ilimitados quando levo meu filho para a presença de Deus.

Descreva as possibilidades que Deus tem para resolver problemas, baseando-se nestes versículos:

Jeremias 32:27

____

____

Salmos 33:6-9

____

____

Marcos 10:27

____

____

Efésios 1:19-20

____

____

Deus resolve problemas. Não existe problema difícil demais para ele. Suas palavras foram poderosas o suficiente para criar um mundo inteiro. O que ele faz perdura. Impossibilidades não o assustam. Nenhuma ajuda que possamos receber de qualquer pessoa se equipara ao poder de resolver problemas que ele compartilha conosco. É o mesmo poder que ressuscitou Jesus dos mortos. Sempre é um poder que gera vida.

No entanto, há um porém. Deus só pode confiar-nos seu poder e seus recursos se abrirmos mão de *qualquer* controle. Ele não pode dar suas respostas ou seu poder a alguém que não os usaria corretamente. Isso significa que precisamos abrir mão de nossas expectativas referentes a detalhes, mudanças nas circunstâncias e tempo. Significa que nunca devemos ceder à tentação de manipular.

A pergunta não é: *os recursos de Deus podem fazer alguma diferença?* A pergunta é: *como Deus pretende usar seus recursos através de mim para fazer uma diferença*? Como Deus deseja usar o poder da criação, da ressurreição, para o qual tudo é possível, para fazer uma diferença?

Antes de orar, faça estas perguntas a si mesmo:

1. Posso usar o nome de Jesus para aquilo que estou pedindo? (Mateus 6:9)

2. Aquilo que estou pedindo se conecta diretamente com a vontade Deus como foi revelada nas Escrituras? (1João 5:14)

3. Abri mão de todas as expectativas e de todo controle para que Deus possa me usar como canal de seu poder e recursos? (Hebreus 12:1)

4. Entreguei todo meu tempo a Deus? (Salmos 31:15)

5. Estou demonstrando as mudanças que Deus causou na minha vida para que meu filho queira saber mais sobre Deus e seus caminhos? (1Coríntios 11:1)

6. Estou alimentando qualquer mágoa, em relação ao meu filho ou a qualquer outra pessoa, que possa impedir que Deus me use? (Marcos 11:25).

Oração na sala de espera

Em nossa sociedade de recompensa instantânea, queremos soluções rápidas e resultados imediatos. Já que o tempo de Deus não é igual ao nosso, suas respostas às nossas orações muitas vezes nos levam à sala de espera. O que para nós aparenta ser uma emergência não o é para Deus.

Você já observou pessoas esperando o tempo passar em salas de espera de um hospital? Elas dormem, leem livros, folheiam revistas, conversam ou ficam olhando para um ponto no espaço. Agem como se todo tempo e toda responsabilidade estivessem suspensos, mesmo nos casos em que alguma emergência ou atividade frenética os levou até lá.

A espera por respostas às nossas orações não deveria ser como uma sala de espera num hospital. Enquanto esperamos pela resposta de Deus, não passamos o tempo fazendo nada. Às vezes, as lições que aprendemos durante um período de espera representam a maior parte da resposta de Deus às nossas orações. Isso significa que nosso tempo de espera deveria ser produtivo. Encontre uma nova maneira de expressar seu amor a seu filho. Resista à tentação de fazer alguma coisa a fim de obter uma resposta específica. Pode ser algo simples como um elogio ou palpável como participar da atividade predileta de seu filho.

Observe seus passos de obediência durante um período de espera. Peça a Deus para que ele não peque em palavra (Salmos 39:1) ou fique ansioso (Filipenses 4:6-7). Você também pode procurar um amigo para compartilhar com ele sua preocupação. Em vez de falar sobre o problema, peça sua ajuda para focar sua oração. Fale mais sobre Deus do que sobre seu problema.

Outra parte muito importante é a oração que você faz para si mesmo. Seja qual for o desejo pelo seu filho, peça também que ele satisfaça uma necessidade semelhante em sua vida. Se você está pedindo a Deus para que ajude seu filho a tomar as decisões certas e a não cair em tentação, peça o mesmo para si.

O que posso fazer enquanto espero pela resposta de uma oração?

1. Posso envolver meu filho com amor.

2. Posso afirmar os pontos fortes do meu filho.

3. Posso ficar atento à minha obediência.

4. Posso procurar outro cristão que me aconselhe sobre como focar minha oração.

5. Posso pedir a Deus que faça também na minha vida aquilo que estou pedindo para a vida do meu filho.

A lição mais importante que aprendi sobre orar por meus filhos foi que devo confiar no tempo de Deus e aprender a esperar.

— Ina Strait

Por que oramos? Oramos para nos lembrar de que Deus sabe tudo, que seu amor é mais profundo do que o nosso e que ele dispõe de mais recursos para causar um impacto do que qualquer coisa que nós possamos fazer por conta própria. Oramos para descobrir que tipo de obediência Deus exige de nós a fim de que esse impacto salve a vida de nossos filhos. Oramos para dar-lhes um tesouro eterno. Oramos porque nada que possamos fazer durará tanto quando uma oração. Oramos para dar-lhes um presente que dura.

Sua vez

Volte para a seção "O que fazer primeiro?" Qual você quer que seja sua primeira reação? Como você pode se lembrar de reagir de modo diferente? (Exemplos: um lembrete no espelho do banheiro ou um símbolo num local bem visível.)

Anote um exemplo de uma pergunta transformadora que você poderia fazer neste exato momento.

Ao orar por seus filhos nesta semana, faça a si mesmo estas perguntas:

> *1. Creio que o conhecimento de Deus é mais exato do que o meu? Em que momento agi como se meu conhecimento bastasse?*
>
> *2. Consigo confiar que o amor de Deus faça uma diferença? Como posso cooperar mais diretamente com o amor dele por meu filho?*
>
> *3. Estou oferecendo a Deus um coração puro para que ele possa liberar seu poder e seus recursos através de mim?*

Escreva uma oração fundamentada nos três princípios da onisciência, do amor e dos recursos de Deus. Faça essa oração todos os dias.

Minha oração

Oramos constantemente por vocês, para que nosso Deus [...], com poder, cumpra todo bom propósito e toda obra que procede da fé.

— 2Tessalonicenses 1:11

Querido Deus,

Ela deu seus primeiros passos hoje. Foi tudo uma grande alegria para nós duas. Cambaleou, mas andou. Acho que ela sabia que eu ainda estava a seu alcance, por isso se arriscou nesse ato de independência. Bati palmas e celebrei como se ela tivesse vencido uma maratona. Ajuda-me a nunca perder essa alegria ao observar minha filha dar outros passos necessários nessa jornada que é o crescimento. Ajuda-me a ser a incentivadora de que ela precisa, mesmo que esses passos a afastem do meu alcance.

Uma novata.

Querida novata,
ela sempre estará ao meu alcance.

O Deus que está próximo.

2
Orando pelas primeiras vezes

O início é meio caminho andado.

— Provérbio grego

Quando um bebê dá seus primeiros passos, inicia sua caminhada para um novo mundo. Antes de ficar de pé, interessa-se por tudo que estiver no chão. Ao andar, crianças exploram um mundo novo. Elas descobrem que sapatos precisam de pernas. Descobrem que vasos sanitários e botões da TV se encontram na altura ideal. Seu novo mundo as excita, ao mesmo tempo que as mete em encrenca. Esse é o dilema dos primeiros passos.

Os primeiros passos de um bebê são apenas o início de uma série de "primeiras vezes". O primeiro dia de aula, a primeira noite na casa de um amiguinho, o primeiro emprego, o primeiro namoro. A lista nunca acaba. E ela deve continuar se quisermos que nossos filhos cresçam emocionalmente saudáveis.

A maioria dos pais não pensa em orar pelos primeiros passos de seu filhinho, a não ser que algo esteja errado. Quando a filha de Kathy não deu seus primeiros passos da maneira esperada, Kathy orou intensamente. O médico sugeriu fazer alguns exames para ter certeza de que nada estava errado. Graças a Deus, os exames indicavam que tudo estava bem. A menina simplesmente não estava pronta para andar. Hoje, anda quase tanto quanto fala. Às vezes, Kathy até queria que sua oração não tivesse sido tão eficaz.

Será que algo precisa estar errado antes de pensarmos em orar pela primeira vez? Hoje, acredito que orar pela primeira vez por algo é tão importante quanto orar em tempos de crise. Por quê? Porque a primeira vez de algo estabelece um padrão que influenciará tudo que vier depois.

Às vezes, acompanhamos nossos filhos com certa insegurança em suas primeiras vezes porque temos medo daquilo que pode acontecer. No entanto, a oração verdadeira, a oração que nos conecta com Deus, que sabe tudo, afasta esse medo. Tiago nos lembra de que Deus distribuirá sua sabedoria com generosidade a qualquer pessoa que crê que a sabedoria de Deus é, de fato, uma resposta às orações (Tiago 1:5-6). Como pais, precisamos crer que Deus está disposto a nos dizer tudo que precisamos saber enquanto estamos atentos a nossos filhos durante suas descobertas na vida.

Não se esqueça de que muitas das descobertas de nossos filhos são *nossas* também. Cada oração que fazemos por eles precisa ser também uma oração por nós mesmos.

Por que orar pelas primeiras vezes?

1. Oramos pelas primeiras vezes porque elas determinam uma direção

O segundo dia de aula flui muito melhor quando o primeiro dia foi bom. Da mesma forma, quando uma criança tem um primeiro dia difícil, ela teme pelo segundo. Experiências negativas podem ensinar uma criança a ter medo do novo, já que podem confrontá-las com escolhas para as quais não estão preparadas. Já que queremos que nossos filhos cresçam confiantes e dispostos para novos desafios, precisamos orar por eles especificamente durante esses momentos. Precisamos construir com essas experiências as características que farão de nossos filhos pessoas bem-sucedidas em seu processo de crescimento. A oração focada nas primeiras experiências nos ajuda a conseguir isso.

1. Cite uma nova experiência que foi positiva.

2. Quais os fatores que fizeram dela uma experiência positiva?

3. Qual o impacto que isso teve sobre a segunda vez?

4. Cite uma nova experiência que foi negativa.

5. Quais os fatores que fizeram dela uma experiência negativa?

6. Qual o impacto que isso teve sobre a segunda vez?

7. Peça a Deus que ele lhe ajude a acrescentar fatores positivos à primeira experiência de seu filho.

Primeiros passos deveriam ser uma aventura excitante de descoberta e crescimento. Oramos por nossos filhos porque queremos que Deus guie seus primeiros passos para que aprendam as coisas certas de suas primeiras experiências. Queremos que nossa participação nesses momentos os ajude a crescer física, espiritual e emocionalmente. A única maneira de fazermos isso é aprendendo a orar de modo que nos ajude a ouvir as instruções que Deus tem para *nós*.

Querido Deus,

Hoje foi o primeiro dia dela no jardim de infância. Sei que deveria estar orando por ela, mas estou aqui em tua presença com minhas necessidades. Quero aprender a reforçar seus pequenos começos em vez de forçá-la a alcançar o próximo nível. Quero afastar qualquer atitude que vincule desempenho ou conduta à sua identidade. Não quero jogar um balde de água fria nela com um comentário controlador sobre o que ela deveria ter feito. Se ela consegue aprender a contar e cortar, eu também deveria ser capaz de aprender algumas coisas básicas. Já que tu estiveste presente em muitos começos, por favor, ajuda-me neste início para que, algum dia, possamos olhar para trás e dizer que foi bom.

Confiando em tua experiência com primeiras vezes,

Uma mãe que também está no jardim de infância,

Debbie Goodwin.

2. Oramos porque, muitas vezes, somos os orientadores de nossos filhos

Para ajudar nossos filhos a encontrar o sucesso e superar seus medos do novo, nós os orientamos, acompanhamos e aconselhamos durante novas experiências. Não há desenvolvimento adequado em ambientes negativos e críticos. Fracassos precoces, vergonha, insegurança, rejeição e outros resultados negativos afetam o desejo de nossos filhos de tentar de novo. É por isso que as primeiras vezes são de suprema importância. Isso vale tanto para a criança que se aventura e descobre um novo mundo sobre seus próprios pés quanto para jovens adultos entrando na faculdade.

A palavra-chave é treinamento. Quando um bebê demonstra sua disposição para deixar o mundo dos machucados e dos joelhos sujos, o que os pais fazem? Tornam-se orientadores e incentivadores. Um pai aplaudirá qualquer indício de progresso mesmo antes de completado. E se a criança falhar durante sua tentativa corajosa, o pai deve dar a ela todas as razões do mundo para tentar mais uma vez. Nesse treinamento, sucesso significa fazer uma boa tentativa. Nem sempre significa alcançar a meta.

Orientar

Significa usar palavras, instruções, demonstrações, sugestões e práticas para incentivar o domínio de uma nova experiência.

Bons orientadores sabem da importância de instruções fáceis, demonstrações simples, sugestões apropriadas e prática incansável em vez de manipulação, controle, sermões, debates ou discussões. Bons orientadores entendem que pequenos passos bem-sucedidos são mais importantes do que um progresso rápido demais e que o elogio gera melhores resultados do que a crítica. Reconhecem que até mesmo um pai orientador pode receber um cartão amarelo por falar a coisa errada no momento errado.

Em que momento permiti que meus comentários de pai ou mãe se transformassem em algo que não era treinamento eficaz?

Talvez a razão mais importante pela qual oramos durante as novas experiências de nossos filhos é que o foco de nossas orações influenciará a natureza de nossa orientação.

O foco de nossa oração influenciará a natureza de nossa orientação.

Um foco de oração útil

Sharon pediu que orássemos por seu filho porque ele precisava fazer uma cirurgia nos ouvidos e estava com medo do procedimento. Apesar de ser enfermeira e saber que a cirurgia não era nada demais, Sharon estava preocupada porque seu filho estava com medo. Sugeri que ela orasse para que ele aprendesse a confiar em Deus nas horas em que ela não estivesse por perto. Esse foco de oração imediatamente lhe abriu uma nova perspectiva. Seu foco influenciou seu desempenho como orientadora. O medo foi embora. Por estar calma e encorajá-lo, seu filho ficou mais confiante. Ela pôde ajudá-lo a focar em como Deus estaria com ele quando ela não pudesse estar. Ambos aprenderam algo importante por meio dessa nova experiência.

Facilmente permitimos que nossas orações foquem no medo que sentimos em determinada situação. Pode ser o medo de se desapegar de alguma coisa, daquilo que poderia acontecer ou de algum fator desconhecido. Se focarmos em nosso medo, é bem provável que nossa orientação reflita esse medo. Nós forçamos em vez de instruir. Aumentamos a pressão em vez de incentivar uma atitude calma. Por outro lado, se nossas orações focarem na capacidade de Deus de orientar os primeiros passos de nossos filhos, nós os orientamos com uma confiança diferente. Reforçamos tudo que aponta a criança para a direção certa. Incentivamos, aplaudimos, reforçamos, ouvimos e oramos de um ponto de vista diferente. Refletimos um pouco mais o estilo paternal de nosso Pai Celestial. Os resultados são muito mais positivos — para ambas as partes.

3. Oramos porque novas experiências preparam nossos filhos para um desenvolvimento contínuo

Quando nossos filhos são novos, ficamos atentos a qualquer sinal de desenvolvimento motor ou sensorial porque isso nos ajuda a saber quando estão prontos para o próximo passo em seu desenvolvimento físico. Devemos fazer o mesmo em relação ao desenvolvimento espiritual. Se nossos filhos não estiverem preparados espiritualmente para a próxima fase de crescimento e independência, o resultado pode ser catastrófico e levar à perda de confiança.

Um orientador eficiente

1. Domina momentos de insegurança.

2. Sabe em que ordem colocar as instruções.

3. Reforça posturas e ações que contribuem para o aprendizado de determinada habilidade.

4. Ajuda a modelar adequadamente cada habilidade.

5. Reconhece que palavras positivas ajudam mais do que palavras negativas.

6. Transforma o aprendizado em algo divertido e produtivo.

Quais são as qualidades de um orientador eficiente que preciso praticar mais?

Como posso aplicar isso a uma situação agora?

É muito fácil ter um desvio negativo em nossas orações. Não oramos para impedir os problemas que *talvez* possam ocorrer. Orações que focam no "talvez" não estão fundamentadas na realidade. Deus é verdade. Ele vem a nosso socorro para nos ajudar a lidar com as realidades das situações atuais. Oramos por discernimento para identificar a disposição de nossos filhos. Oramos para entender como Deus quer que nós os ajudemos a se prepararem para o passo seguinte. Oramos para que nós mesmos estejamos preparados para aquilo que o novo passo de nossos filhos virá a significar em nossas vidas.

Todo início é seguido por algo. A qualidade e a eficácia do que se segue são determinadas pela natureza desse início. Se perdermos passos importantes, isso afetará o resultado. Orar para que nossos filhos aprendam as coisas certas os prepara para um desenvolvimento constante.

Oramos para reconhecer quando nossos filhos estão prontos. Oramos para entender como Deus quer que ajudemos. Oramos para nos preparar para o próximo passo.

É relativamente fácil lidar com a preparação para habilidades sequenciais como aprender a andar, falar ou ler. Mas como preparamos nossos filhos para o desenvolvimento de um relacionamento íntimo com Deus? Esse tipo de preparação requer que nós compartilhemos nossa compreensão daquilo que Deus é. Trata-se de aprender a reconhecer as instruções de Deus no dia a dia. É assustador perceber que podemos ser bons em preparar nossos filhos para uma vida bem-sucedida em nossa cultura enquanto os deixamos sem formação para uma vida com Deus. É por essa etapa do desenvolvimento dos meus filhos que me ponho de joelhos e oro regularmente.

Escalar uma montanha íngreme exige um passo lento no início.

— William Shakespeare

Por exemplo

Certo dia, num estudo bíblico, a líder nos desafiou a orar para que nossos filhos aprendessem a gostar do hábito de ler a Bíblia por conta própria. Ela lembrou o quanto nos dedicávamos a ajudá-los a aprender a ler e pediu que fôssemos igualmente determinados em incentivar nossos jovens leitores a ler a Bíblia.

Percebi imediatamente a discrepância na minha própria vida. As dificuldades de aprendizagem de Lisa faziam da leitura um processo extremamente difícil. Eu a levava à biblioteca, lia para ela antes de dormir e estimulava seus esforços iniciais. Mesmo assim, ela ficava sempre bem abaixo do nível de sua turma. Enquanto trabalhava com Lisa toda noite para desenvolver sua leitura, apenas pedia que *levasse* uma Bíblia quando íamos à igreja. Foi quando comecei a orar para que Lisa desenvolvesse um amor pela leitura da Palavra de Deus.

Com esse foco de oração, comecei a procurar recursos que pudessem ser úteis. Certo dia, encontrei um livro de histórias bíblicas com um vocabulário simples, para leitores iniciantes. Eu o comprei para Lisa. Logo tornou-se o livro favorito dela, porque conseguia lê-lo sozinha. Passaram-se mais alguns anos até que ela conseguisse ler a Bíblia, mas quando conseguiu, reconheci como os primeiros passos de ler histórias bíblicas sozinha tinham sido benéficos. Hoje, sua Bíblia tem mais anotações do que a minha.

Ore

Como você pode orar por uma boa nova experiência para seus filhos?

Que habilidade, confiança ou compreensão sobre Deus será de maior ajuda para ele?

Como você pode se preparar para a próxima nova experiência de seu filho?

Como Deus quer que você acompanhe e treine o preparo dele ou dela?

Passe algum tempo em oração perguntando a ele. Anote suas respostas e seus entendimentos.

Livrando-se da culpa

Apesar de ser nossa responsabilidade como pais estimular o crescimento e o desenvolvimento adequados de nossos filhos, é impossível prepará-los para tudo. Muitas vezes, cogitamos o que *deveríamos* ter feito. *Deveríamos* ter feito melhor ou *deveríamos* ter sabido. Essa culpa que sentimos é um desvio pouco útil em nossos processos parentais. Infelizmente, o sentimento de culpa não nos ajuda a orar ou a ser pais melhores. Ele nos leva a permitir, racionalizar, ignorar ou temer.

A culpa nos leva a permitir, racionalizar, ignorar ou temer.

Faça uma análise realista. Talvez você devesse ter reconhecido os sinais de perigo que poderiam ter prevenido um problema — mas você os ignorou. Essa é a realidade com a qual você precisa lidar. Leve essa realidade a Deus e peça que ele avalie tudo o que você *deveria* ter feito. Confesse qualquer desobediência ou recusa de ouvi-lo. Aprenda como se informar melhor, como ficar mais "ligado", mais atento, mais disponível ou mais obediente. Deixe que Deus alivie seu coração da culpa, pois a culpa foca nas necessidades que você tem, não nas necessidades de seu filho. Para ser um intercessor eficiente para seu filho, você precisa livrar seu coração da culpa.

A culpa foca nas necessidades que você tem, não nas necessidades de seu filho.

Alivie seu coração

Pergunte a Deus se você, de alguma forma, deixou de obedecer, ouvir ou reconhecer uma realidade.

Confesse suas falhas e aceite o perdão dele.

Se isso for ajudar a fortalecer seu relacionamento, peça perdão a seu filho.

Peça a Deus que lhe mostre a melhor forma de orientar, apoiar e orar por seu filho.

Obedeça ao que ele diz e veja como isso criará novas oportunidades.

Orando pelos primeiros passos

Quando nossa filha entrou na escola, encontrou grandes dificuldades em virtude de suas deficiências físicas e de suas dificuldades de aprendizagem. Cada nova etapa representava uma nova crise. No início, eu orava com temor devido a minha necessidade de protegê-la. No entanto, aprendi que orações temerosas não deixam um coração tranquilo e que, portanto, deveria mudar o foco das orações. Em vez de me voltar para as circunstâncias que me deixavam sobrecarregada, eu deveria orar para Deus, que via tudo de uma perspectiva completamente diferente. Bem que gostaria de dizer que essa tem se tornado minha reação natural aos primeiros passos na vida dos meus filhos. Infelizmente, não é o caso. Preciso tomar uma decisão consciente sempre de novo.

Orações temerosas não produzem um coração tranquilo.

Os princípios a seguir contribuíram para afastar minhas orações do medo. Libertaram meu coração de conflitos desnecessários. Ajudaram-me a manter meu foco na realidade de que Deus está no controle e a pedir pela sua vontade para a minha vida e para a vida de minha filha. Ainda me servem como orientação para minhas orações por Lisa em cada novo passo para sua independência.

1. Ninguém entende mais de começos do que Deus

Deus é a fonte de todos os inícios, a primeira de todas as primeiras coisas. Com toda essa experiência com inícios, Deus se alegra em compartilhar sua sabedoria com todos os que estão dando seus primeiros passos e vivenciando algo novo. Quando oramos com esse entendimento, confiamos naquilo que Deus sabe, em vez de alimentar nosso medo com aquilo que não sabemos.

As primeiras palavras da Bíblia me lembram de uma das verdades mais importantes: "No início, Deus criou..." (Gênesis 1:1). Muitas vezes corremos para Deus quando aparecem as dificuldades, mas Deus gosta de criar os detalhes de seu plano desde o início. Por isso, nossas orações deveriam se concentrar em entregar tudo ao controle criativo dele desde o começo, independente da experiência.

Você se lembra do que Deus disse após cada ato criativo no início de tudo? Disse que aquilo era bom. Deus sempre quer criar algo bom nos inícios. Precisamos orar para que esse bem criativo ocorra também nas vidas de nossos filhos desde o começo.

Olha para ele, Pai. Tão independente. Tão cheio de planos. Rompendo barreiras. Aceitando os méritos pelo seu sucesso. Não foi ontem que o tomei pela mão e lhe mostrei sua primeira sala de aula? Não foi agora há pouco que ele me deu aquele abraço e saiu correndo para o ônibus da escola? Tentamos protegê-lo dos buracos e das pedras da sociedade, e agora ele será um cidadão desse sistema. Antes, ele era todo nosso para que nós o instruíssemos. Agora, aprenderá com os outros. Antigamente ele achava que nosso jeito era o único jeito. Agora, descobrirá outros. Em breve chegará sua formatura, e venho a ti com ele, assim como fiz naquele primeiro dia de sua vida.

Queria muito poder correr até ele, tomá-lo pela mão mais uma vez e apresentá-lo a seu novo mundo. Eu não posso fazer isso, Pai. Mas tu podes. Confio que tua sabedoria seja seu refúgio; e tua graça, sua força.

Grato,

O pai orgulhoso,

Stan Toler.

Em que momentos você sentiu medo do desconhecido em vez de confiar na obra criativa de Deus?

Faça uma oração do tipo "no início", pedindo a Deus que crie algo bom. Depois, passe a procurar por isso.

---

2. Ore para que seu filho obedeça àquilo que ele já sabe

Deus sempre começa com aquilo que já sabemos obedecer. Ele sabe que é o melhor lugar para começar. Talvez este seja o ponto em que nós pais falhamos bem mais do que imaginamos. Tememos que nossos filhos não saibam o suficiente. Isso nos serve como justificativa para aumentar o número de sermões e avalanches de palavras para dar o máximo de informações a nossos filhos para que se comportem melhor, façam escolhas melhores, tenham relacionamentos melhores e sejam melhores servos de Deus. No entanto, mais informações são inúteis se não obedecermos àquilo que já sabemos. Além do mais, conhecimento não gera obediência; o que gera obediência é um relacionamento amoroso com Deus.

Incentivar a obediência a Deus começa com um relacionamento, não com uma regra. As crianças rejeitam regras antes de abandonar um relacionamento. Oramos para que nossos filhos reconheçam as evidências do amor de Deus em suas vidas e para que encontrem prazer em fazer aquilo que o agrada. Oramos para que a obediência que agrada a Deus determine seus primeiros passos e influencie seus rumos certos.

Descreva o relacionamento de seu filho com Deus.

Em que áreas ele precisa se aprofundar?

Como Deus quer que você incentive esse crescimento? Escreva sua oração.

____

____

____

____

3. Ore para que seu filho aprenda a confiar em Deus em suas primeiras vezes

As crianças precisam saber que Deus acompanha e incentiva seus primeiros passos. Precisam saber como ouvir as palavras encorajadoras de Deus. Quando ensinamos a uma criança do ensino infantil como Deus toma conta do medo que ela tem de dormir num quarto novo, isso representa um passo importante na jornada daquela vida, que trará muitos lugares novos.

Você se lembra de quando aprendeu o princípio geométrico segundo o qual a distância mais curta entre dois pontos é uma linha reta? Nosso alvo como pais é ajudar a traçar uma linha reta entre Deus e nossos filhos. Triângulos podem ser úteis no ensinamento, mas eles precisam dar lugar à linha reta para produzir uma maturidade espiritual. Tudo que nos ajuda a fortalecer essa linha reta em *nosso* relacionamento com Deus nos ajuda também a ensinar aos filhos como desenvolver seu próprio relacionamento de linha reta.

Numa oração intercessória, raramente terminamos onde começamos.

— Douglas V. Steere, *Prayer and Worship* [Oração e adoração]

4. A sabedoria de Deus sustentará seu filho naquilo que você não sabe

Você é o principal intercessor de seu filho, e o foco de sua oração é de suma importância. Focar sua oração apenas naquilo que *você* sabe é uma forma incompleta de orar. Não importa o quanto saiba, você nunca sabe o bastante. É aqui que a conexão com a onisciência de Deus gera confiança e traz paz. Já que ele sabe tudo, sabe também o que você precisa saber para ajudar seu filho nesse momento. E essa informação é tudo que ele lhe dará. A melhor maneira de acessar esse conhecimento é por meio da oração.

O que acontece com seu filho numa primeira experiência não depende apenas daquilo que você sabe ou não. Depende daquilo que Deus sabe. Não importa qual seja o primeiro passo, ele sempre pode levar à vontade de Deus. Ore nesse sentido e com esse foco. Lembre-se: seu foco influencia seu modo de orientar seu filho.

5. Ofereça a Deus seus medos sem repassá-los para seu filho

Isso acontece mais vezes do que gosto de admitir. Minha reação a uma situação estabelece o modelo para a reação do meu filho. Se eu reagir com medo, ele vai reagir com medo também, ou com alguma emoção parecida, como raiva, rebeldia ou negação. Ainda estou aprendendo como é importante permitir que Deus cuide dos meus medos, especialmente quando são irracionais ou baseados em ilusões. Mesmo diante do medo inevitável, Deus nos transmite seu controle de modo que afasta as consequências de demonstrar esse medo. É por isso que é de importância vital reconhecer e confessar seus medos como pai ou mãe na oração.

Celebre as primeiras vezes

Para tirar o maior proveito possível de novas experiências, encontre formas para celebrá-las:

1. Faça uma festa de batismo/confirmação. Se Deus e seus anjos celebram essa decisão na vida de seu filho, por que você não deveria fazê-lo também?

2. Envie um cartão quando perceber eventos-chave de crescimento espiritual.

3. Celebre o primeiro acampamento ou a primeira viagem missionária de seu filho dando a ele uma chave simbólica como alusão às novas portas que essa experiência abrirá. Faça da entrega da chave parte da celebração.

4. Faça o jogo "A primeira vez que eu..." para dar a seu filho a oportunidade de ouvir você falar de suas primeiras vezes. Depois, peça que seu filho fale de uma primeira vez dele e comparem as situações.

5. Planeje pequenas comemorações após começos importantes do ano escolar: a primeira prova, o primeiro boletim, o primeiro treino etc. Não os vincule ao desempenho do filho; celebre as lições aprendidas.

6. Celebre as estreias das estações: a primeira flor no jardim, a primeira chuva, o primeiro dia ensolarado etc.

Pai,

Nunca me esquecerei da alegria arrebatadora ao segurar meu filho nos braços. Nossos corações pareciam ser um só, como quando o carreguei dentro do meu corpo. Será que me lembrei de te agradecer por tocar-me com a confiança de que tu enviaste uma companhia de anjos ao pequeno quarto dele?

Agora, Pai, ele tem seu próprio quarto em sua própria casa. E uma pessoa querida agora o tem nos braços, uma pessoa que foi escolhida para amá-lo tanto agora quanto eu o amei em sua infância. Peço que coloques os mesmos guardas em volta de sua casa. E dá-me a tranquila certeza de que eles formaram um muro celestial contra as maldades daqueles que desejam destruir a casa que tu lhe deste, aquele lugar onde ele amará outras pessoas como tu o amas.

Confiante,

Sua mãe agradecida,

Linda Toler.

Lembre-se: primeiras vezes determinam a direção. Por isso, a oração deve ser uma parte importante de cada início que influencie uma direção. Sempre há também possibilidades de corrigir o rumo no meio da viagem, mas às vezes isso gera frustrações ou retrocessos desnecessários. É melhor levar cada início a Deus para ver o que ele deseja criar. Então, você saberá o que deve pedir em suas orações.

Orando por primeiras vezes

1. Ore sabendo que ninguém entende os inícios melhor do que Deus (Gênesis 1:1).

2. Ore para que seu filho obedeça àquilo que já sabe (Filipenses 1:6; 2Timóteo 3:14).

3. Ore para que seu filho aprenda a confiar em Deus a cada nova etapa de sua vida (Filipenses 1:9; Efésios 1:18).

4. Ore para que Deus sustente seu filho nas coisas que você não sabe (Isaías 46:10; Jeremias 29:11).

5. Entregue a Deus qualquer medo que você possa nutrir em relação a cada nova etapa na vida de seu filho, para que você não repasse seu medo a ele (Gênesis 26:24; Êxodo 14:13).

Sua vez

Peça a Deus para lhe ensinar como ser o orientador e incentivador de que seu filho precisa. Leia Êxodo 4:12-14: como Moisés orientou as pessoas que amava?

Peça que o próprio Deus seja o orientador de seu filho. Quais são as qualificações de Deus segundo Isaías 43:13?

Peça que Deus lhe ajude a identificar cada novo passo na vida de seu filho. Depois, peça que ele estabeleça os primeiros passos dessas experiências.

O que Salmos 5:8 e 37:23 nos ensinam sobre as habilidades de Deus em ordenar passos?

Peça que Deus capacite seu filho a dar primeiros passos confiantes, produtivos e que agradem a Deus. Quais são alguns desses resultados segundo Salmos 37:4-5 e Mateus 6:33?

Aquele que começou boa obra em vocês vai completá-la.

— Filipenses 1:6

Querido Deus,

Não consigo imaginar nada que deseje mais para meus filhos do que isto: que te conheçam, te aceitem e vivam para ti. Não quero que meus filhos se contentem com uma vida boa quando podem ter a vida eterna. Mas há tantas encruzilhadas pela frente. Que mais posso fazer por eles?

Temerosa.

Querida temerosa,
viva sua salvação e permita que eu encontre seus filhos através de você.

O Deus que nunca se cansa de entrar em contato.

3
Orando por salvação

Salvação é o negócio mais importante da vida.

— C.S. Lewis

Não existe oração mais importante do que a oração pela salvação de nossos filhos, porque ela, mais do que qualquer outra, nos conecta com o coração de Deus. Não precisamos questionar a vontade de Deus quanto a isso. Cada ato de seu coração, desde o início dos tempos, tem como propósito trazer seus filhos até ele, estabelecer um relacionamento íntimo e providenciar tudo para seu bem-estar para sempre. Se quisermos ser pais segundo a vontade de Deus, precisamos refletir o coração dele desde o início de nossa existência como pais. Precisamos fazer da salvação de nossos filhos nossa absoluta prioridade.

Uma prioridade de oração vital

Meu marido e eu nos demos conta desta verdade na hora certa: os quatro primeiros anos da vida de Lisa foram difíceis. Ela teve convulsões quando tinha um ano e meio de idade. A mãe morreu de câncer antes que ela completasse três anos. Lisa foi diagnosticada com artrite reumatoide juvenil aos cinco. Tornei-me sua mãe ao me casar com o pai dela três meses antes desse diagnóstico. Não é surpresa para ninguém que as lutas físicas e emocionais de Lisa tenham se tornado o foco de nossas intensas orações.

Certa noite, após colocá-la na cama e voltar para a sala para nosso tempo de oração, Mark, meu marido, compartilhou comigo algo que mudou o foco de nossa oração desde então. Ele reparou que orávamos muito pela saúde de Lisa e muito pouco pelo seu bem-estar espiritual. Combinamos de orar *primeiro* pela saúde espiritual de Lisa e, depois, pelos problemas físicos.

Deus me deu sensibilidade para ver como ele estava trabalhando na vida dela em correspondência direta com as minhas orações por sua salvação. Lembro-me de dizer a Mark que eu acreditava que Lisa estava se aproximando do momento em que faria sua própria profissão da fé. Comecei a ficar atenta a isso, esperando e orando. Nunca me esquecerei da noite em que ela pediu que Jesus tirasse seus pecados e fizesse dela sua filha. Não agradeci a Deus apenas pela decisão de Lisa — agradeci a Deus por ter aberto os olhos do meu coração para que reconhecesse os sinais.

Estimulada por essa maravilhosa resposta às minhas orações, perguntei-me que mais Deus faria se mantivéssemos a saúde espiritual de Lisa como nosso principal foco de oração. Talvez a resposta mais óbvia às nossas orações seja esta: a despeito dos problemas paralisantes de aprendizagem, Lisa aprendeu a ler e a entender a Palavra de Deus melhor do que qualquer outra coisa que lia. Em testes de compreensão de textos, ela sempre fica bem abaixo da média de sua turma, mas surpreende as pessoas com seu entendimento da Palavra de Deus.

É claro que continuamos a orar pelos problemas de saúde de Lisa. Mas entendi que o lugar mais importante em que ela precisa estar saudável e sentir-se plena é em seu relacionamento com Deus. É o único lugar onde a saúde tem um efeito eterno.

Por que orar pela salvação?

Muitos pais adiam seu foco de oração pela salvação de seus filhos. Oramos pela saúde de uma criança que ainda não nasceu ou pelo desenvolvimento acadêmico de nossos filhos, mas nem sempre oramos especificamente pela salvação deles, a não ser que existam indícios de que o filho esteja rejeitando Deus e seus caminhos. Talvez tenhamos que rever por que orar pela salvação é crucial.

1. Orar pela salvação nos conecta com a prioridade que Deus dá para seus filhos

Talvez seja um alívio saber que não precisamos nos perguntar *se* devemos orar pela salvação ou não. A resposta da Bíblia é clara nesse sentido. Toda a história de Deus trata de seu plano de nos levar até ele. Precisamos nos dedicar a essa prioridade caso queiramos cumprir nossa responsabilidade de pais pelos padrões de Deus. Nossas orações revelarão a dedicação com que nos entregamos a essa prioridade.

Apesar de não podermos fazer nada para garantir que nossos filhos aceitarão a dádiva da salvação de Deus, podemos nos tornar mais sensíveis em relação a assuntos que fazem uma diferença. Orar pela salvação põe nossas prioridades de pais na ordem certa e nos impede de pôr questões secundárias acima da salvação.

Como você poderia usar os seguintes versículos para moldar suas orações pela salvação de seus filhos?

1Pedro 1:18-19:

____

____

Gálatas 1:3-5:

____

____

Atos 4:12:

____

____

2Coríntios 7:10:

____

____

Deus quer resgatar nossos filhos do perigo de viver vidas vazias. Quer protegê-los da experiência de suportar as consequências inevitáveis do pecado. Já que não existe nenhuma outra pessoa, atividade ou prioridade que possa oferecer esses benefícios a nossos filhos, a salvação deles precisa ser nosso foco específico por meio da oração.

2. Orar pela salvação faz uma diferença eterna

Cada pai ou cada mãe quer fazer uma diferença. No entanto, o que importa é a diferença *eterna*. Ter um bom professor, obter boas notas, vencer competições esportivas, planejar divertidas festas de aniversário e ter férias memoráveis com a família — tudo isso tem seu valor, mas nada faz uma diferença mais duradoura do que a salvação.

Veja o coração familiar de Paulo. Ele não se cansa de abrir seu coração em suas cartas, revelando assim o quanto trabalhou e orou pela salvação dos outros. Como pais, devemos nos perguntar: *com quanta paixão me preocupo com a salvação de meus filhos*? Todo o resto que eu possa fazer por meus filhos um dia terá um fim. Salvação é o presente que nunca tem fim. Por que, então, não faria dela a prioridade durante as minhas orações?

Faça a oração de Paulo, inserindo o nome de seu filho no espaço em branco:

O desejo do meu coração e a minha oração a Deus por ______________________________ é que ele [ela] seja salvo [salva] (Romanos 10:1).

Reveja sua história de salvação

Ao orar pelos seus filhos, comece revendo o que a salvação significa para sua própria vida. Você sabe de que foi salvo? Algumas pessoas viveram mais as consequências do pecado e podem testemunhar mudanças dramáticas, mas as questões-chave não dependem do quanto Deus perdoou, mas da compreensão de que todos precisam da salvação de Deus. Você sabe *para* que foi salvo? Sua vida reflete isso cada vez mais? Tente imaginar o que seria diferente se você não tivesse aceitado o presente da salvação de Deus. Depois, agradeça muito a Deus por esse presente indescritível. Deixe que sua gratidão pelo presente de Deus alimente sua paixão para compartilhar o plano de salvação de Deus com seus filhos.

Ninguém jamais saberá em que realmente acredita até começar a instruir seus filhos.

— Anônimo

Escreva a história de sua salvação. Use palavras adequadas à idade de seus filhos. Concentre-se no momento específico em que você pediu a Jesus que perdoasse os momentos em que você se desviou dele. Explique o impacto que isso causou em sua vida. Relembre isso muitas vezes. Compartilhe sua história com outro pai cristão. Então, ore por uma oportunidade para compartilhá-la com cada um de seus filhos na hora certa.

Escrevendo a história de sua salvação

1. Quem influenciou sua decisão de seguir Cristo?

2. Quando e como você reconheceu sua necessidade de ser salvo?

3. Descreva o momento em que você pediu perdão a Jesus pelo seu egoísmo e decidiu segui-lo com suas atitudes e ações.

4. Explique o impacto que essa decisão teve sobre outras decisões, relacionamentos e prioridades.

5. Qual foi o maior benefício que você experimentou em sua vida por ter seguido Jesus?

Estejam sempre preparados para responder a qualquer pessoa que lhes pedir a razão da esperança que há em vocês.

— 1Pedro 3:15

Quero apenas acrescentar uma advertência aqui: as crianças detectam hipocrisia rapidamente. As atitudes de seu dia a dia precisam estar em completo acordo com aquilo que você afirma ter acontecido quando Jesus assumiu o controle sobre sua vida. Se você estiver emitindo sinais ambíguos, passe algum tempo com Deus confessando sua necessidade de se arrepender. Depois, não tenha medo de ser sincero com seus filhos. Deus usará isso para ajudar seus filhos a entenderem que a honestidade diante de Deus facilita tudo.

A história da minha salvação

Antes de me tornar cristão ______________________________

Então, eu me arrependi ______________________________

Agora que sou cristão, ______________________________

Hora de orar

1. Agradeça a Deus pela salvação em sua vida usando Salmos 118:21.

2. O que Salmos 40:10 o incentiva a fazer? Como isso se aplica a seus filhos?

3. Peça que Deus o ajude a focar em como ele procurou, encontrou e resgatou você.

4. Peça que Deus lhe mostre como ele está buscando conquistar seus filhos. Anote os indícios:

Outras formas de compartilhar a história de sua salvação

Quando Jesus quis compartilhar o quão preciosa é a salvação, recorreu a objetos concretos. Falou de tesouro, plantar sementes, contou a história da moeda perdida. Falou sobre coisas que as pessoas compreendiam. Nós devemos seguir esse exemplo. Existem duas lições na Igreja que podem ajudar a explicar a salvação: o Batismo e a Ceia do Senhor, duas metáforas muito palpáveis. Faça questão de ir com crianças bem novas a esses eventos especiais. Incentive-as a fazer perguntas. Responda de forma que reconte a história da salvação. Diga que está orando para que elas tomem a decisão pessoal de seguir a Cristo.

Permita que os sacramentos ensinem

Leve seus filhos aos Batismos e às celebrações da Ceia do Senhor.

Sente-se junto a eles e seja um exemplo de interesse e reverência.

Fale sobre os testemunhos de Batismo dos novos cristãos.

Incentive perguntas.

Fique atento a sinais de que estejam se conectando com o amor de Deus por meio da morte de Jesus.

Use as perguntas deles para contar a história da salvação.

Esteja atento a evidências de que seus filhos estão compreendendo mais com cada nova experiência.

Quando seus filhos mostrarem que estão compreendendo, fale com eles sobre o dia em que poderão ser batizados ou participar da Ceia do Senhor.

A Páscoa reconta a história

A Páscoa é outra oportunidade para relembrar a história da salvação. Não importa quais sejam as tradições de sua família, faça questão de tratar a Sexta-Feira Santa e o Domingo de Páscoa como dias santos, e não como feriados. Há muitas maneiras de fazer isso. Algumas serão mais adequadas para sua família do que outras. O que importa é escolher coisas especiais que ajudem todos a lembrar e entender o que Jesus fez por nós.

Ideias para transformar a Páscoa em um período especial

Plante uma semente a tempo de brotar na Páscoa. Utilize isso como exemplo para contar a história da morte e da ressurreição de Jesus.

Faça uma caminhada com seus filhos na Páscoa. Fique atento a sinais de vida nova. Use-os para lembrar como Deus renova nossas vidas quando vivemos para ele.

Esconda símbolos da Páscoa pela casa: uma cruz, um carneiro, pão, uma pedra, espinhos, uma sacola com trinta moedas. Quando um membro da família encontrar um desses símbolos, peça que ele fale sobre seu significado durante o jantar.

Compre ou faça pretzels. Um monge católico usou restos da massa de pão e a moldou de modo a se parecer com os braços dobrados sobre o peito de uma pessoa em oração. Fale sobre como sua família poderia orar durante a Páscoa.

Leve sua família a um culto na Sexta-Feira Santa.

Assista a um filme infantil sobre Jesus com toda a família e fale sobre ele.

Na véspera da Páscoa, jante com sua família à luz de velas. Fale sobre como os discípulos de Jesus devem ter se sentido após a crucificação dele. Mantenha a escuridão durante a noite para lembrar como os discípulos devem ter se sentido aterrorizados e tristes.

Fale sobre o hábito da Igreja antiga de saudar os cristãos com "Cristo ressuscitou!", sendo a resposta: "Verdadeiramente ressuscitou!" Veja quem será o primeiro a dizer essas palavras na manhã de Páscoa. Incentive sua família a repetir isso não só na Páscoa.

Se a salvação é a prioridade de Deus para nossos filhos e filhas, devemos investir mais tempo orando a respeito dessa decisão crucial em suas vidas. Orar por sua salvação nos ajuda a participar do propósito eterno que Deus tem para eles. O problema é que muitos pais não sabem como orar pela salvação. Em minha jornada como mãe, aprendi que a oração pela salvação da minha filha incluía algumas orações importantes para mim mesma. Aprendi que orar por ela não é uma fórmula — é um estilo de vida. É uma oração que me mantém sintonizada com as prioridades eternas de Deus para minha filha. Afinal de contas, ser pai ou mãe não é apenas garantir que nossos filhos se formem na escola ou se casem; precisamos ajudá-los a alcançar o céu.

Como orar pela salvação de seu filho

1. Sintonize seu coração com o anseio do coração de Deus em relação a seu filho

Não importa quanto amor sintamos ou quão boas sejam nossas intenções para nossos filhos, elas não se equiparam ao amor perfeito e eterno de Deus. Seu amor é um amor que estende a mão, paciente e misericordioso. Como pais, somos os intercessores mais valiosos para o filho que Deus nos emprestou para o tempo que passamos aqui na terra. Quanto mais nos conectamos com o amor de Deus por nossos filhos, mais sensíveis nos tornamos à nossa necessidade de refletir o amor dele em todos os aspectos de nossa existência como pais.

Reescreva os seguintes versículos, inserindo o nome de seu filho. Use-os como orientação para suas orações

Lucas 19:10:

____

____

1Timóteo 2:3-4:

____

____

2Samuel 23:5:

____

____

1Tessalonicenses 5:9:

____

____

Deus deixou absolutamente claro que providenciou tudo para trazer salvação para nossos filhos. Nada falta. Ele se alegra cada vez que alguém decide aceitar seu presente da salvação. Quanto mais nos concentrarmos na intensidade do anseio de Deus por nossos filhos, mais nos daremos conta de que ele trabalha muito mais pela salvação deles do que jamais conseguiríamos. Compreendemos nossas funções como representantes de Deus e, portanto, temos o dever de apresentar o coração de Deus a eles. Isso me põe de joelhos por causa das minhas próprias falhas. Antes de orar por meu filho, preciso orar por mim mesma.

Existe outra vantagem em focar no amor de Deus antes de focar no nosso. É o amor de Deus em nós que nos permite ter um relacionamento melhor com nossos filhos. Isso é especialmente importante na hora de lidar com a rebeldia ou a rejeição.

2. Compreenda que Deus usará os pontos fortes e necessidades de seu filho para levá-lo até ele

Eu estava orando desesperadamente pela salvação de uma pessoa muito importante para mim. Orava com grande medo e ansiedade, pois sabia como estava se tornando crítica a decisão pela salvação. Analisei as decisões e as questões da vida dessa pessoa e conseguia ver apenas coisas que a afastavam do Senhor. Queria que Deus afastasse essas coisas dela porque elas a separavam dele, mas nada parecia mudar.

Foi num estudo bíblico que alguém me ensinou que Deus atrai as pessoas usando seus pontos fortes, não suas fraquezas. Mudei o foco da minha oração e comecei a pedir a Deus para que usasse qualidades específicas daquela pessoa para atrair sua atenção. Foi quando percebi que Deus *já estava* trabalhando na vida dela. Minhas orações deixaram de ser orações paralisadas pelo medo e transformaram-se em orações capazes de perceber maneiras mais específicas de cooperar com o plano de busca e resgate de Deus.

A história da conversão de Paulo ilustra essa verdade de forma ousada. Deus fez Saulo se ajoelhar no meio de sua perseguição fanática aos cristãos. Era um homem muito direto em suas palavras e atos, e que, por isso, precisava de uma revelação brusca de Deus. Se pensarmos em Saulo antes de sua conversão, nós o vemos como homem determinado, extrovertido, corajoso, um líder carismático e forte.

Tenho certeza de que muitos cristãos oravam para que Deus tirasse dele algumas de suas qualidades. Se Saulo fosse incapaz de usar seus poderes contra os cristãos, melhor para eles. Mas Deus atraiu Saulo por meio de suas qualidades, a fim de usá-las para seus propósitos. Após a conversão, a personalidade ou natureza básica de Paulo (como passou a ser conhecido) não mudou. Foi redirecionada de forma poderosa.

Faça uma lista das qualidades de cada um de seus filhos:

Como essas qualidades podem levar seus filhos a Deus?

Como isso pode mudar o foco de sua oração?

---

3. Rejeite orações do tipo "Não deixes que" e aprenda a orar a favor de seu filho

A oração é uma atividade positiva. É um canal de comunicação com um Deus que prefere dizer *sim*. Por isso, ore a favor de seu filho. Ore *para* Deus, para que ele use as qualidades de seu filho para gerar uma consciência da necessidade de salvação. Ore para que eles olhem para Deus em sua busca por respostas em situações difíceis e tenham uma percepção cada vez mais profunda do amor dele

O medo nos leva a fazer orações do tipo "Não deixes que". *Não deixes que* um amigo o leve para caminhos errados. *Não deixes que* meu filho perca seu emprego e fique desmotivado. *Não deixes que* minha filha fique frustrada por estar sozinha. Muitas vezes, as orações do tipo "Não deixes que" focam em coisas que nem estão acontecendo. Quem ora *por* seus filhos aceita as realidades e pede que Deus use essas realidades para ajudá-los reconhecer seu amor e sua obra em suas vidas.

Orar *a favor* de nossos filhos requer que nós os vejamos como Deus os vê. Isso é crucial no caso de um filho que rejeita Deus. É mais importante ainda no caso de um filho que também rejeita o pai no processo de rejeitar Deus. Esse é o momento em que um pai sente um pouco da dor que Deus sente quando um de seus filhos o rejeita. Pense nisto: a rejeição nunca afeta a qualidade, a paciência ou a perseverança do amor de Deus. O exemplo do amor incondicional de Deus nos permite ver nossos filhos pelos olhos de seu amor em vez dos de nossa dor. Isso nos ajuda a orar *a favor* deles.

Orando *para* nossos filhos

Escreva os nomes de seus filhos nestes versículos e use-os para orar *para* a salvação deles.

1Coríntios 2:9:

____

____

Hebreus 10:22:

____

____

João 5:24:

____

____

Isaías 55:7:

____

____

1João 1:9:

____

____

Pai Celestial,

Nós te louvamos por tua lealdade para conosco. Somos gratos pela dádiva de nossos filhos. Eles abençoaram nossos corações e nos trazem grande alegria. No entanto, lembramo-nos de que tu os confiaste a nós para que cuidássemos deles e os alimentássemos. Ajuda-nos como pais a refletir teu amor em todas as nossas atividades. Que eles possam reconhecer Jesus Cristo em nossas vidas. Acima de tudo, pedimos que eles depositem sua fé e sua confiança em Jesus como seu Senhor e Salvador. Preserva-os em teu amor; orienta suas vidas para que cresçam na fé. Protege-os de todo mal e satisfaz todas suas necessidades, para que eles se tornem seguidores dedicados de Jesus Cristo, juntando-se ao círculo da família que não tem fim.

Oramos no nome do teu Filho.

Amém.

Dave e Becky Le Shana.

Orando pelos filhos pródigos

Há poucos desafios na vida de um pai que trazem mais dor do que quando um filho rejeita Deus e escolhe valores, amizades e atividades que não o agradam. No entanto, é igualmente verdade que, quando um filho está afastado de Deus, esse filho, não importa de que idade seja, precisa da oração persistente fundamentada na fé de um pai. Como se deve orar *para* um filho desviado quando todo seu coração deseja orar *contra* as escolhas erradas, *contra* as más influências, *contra* as atividades que o afastam ainda mais? Como orar com a paixão que se sente sem permitir que essa paixão se transforme em reações desesperadas? Apesar de não existir uma fórmula certa para ajudar um filho a reencontrar o caminho para o coração de Deus, talvez os seguintes princípios e prioridades possam ajudar.

1. Não se iluda sobre a condição espiritual de seu filho

"Ela é uma *boa* garota", sua mãe disse. "Fez apenas uma escolha ruim." A mãe estava certa, até determinado ponto. Sua filha havia feito uma escolha ruim. Pecado é isto: escolher uma atividade ou atitude que Deus afirma ser errada. Quando meu marido disse àquela mãe que sua filha precisava se arrepender, ela se irritou. Não conseguiu encarar a verdade sobre a condição espiritual de sua filha. Em vez de se tornar sua intercessora, tornou-se sua facilitadora.

Não tenha medo de chamar seu filho de perdido. Não dilua o problema do pecado. Essa é outra área em que Deus lida com realidades, mesmo quando nós não o fazemos. Se Jesus não permitiu que os líderes religiosos de seu tempo fizessem jogos de palavras para defender sua espiritualidade, nós também não deveríamos fazê-lo. Deveríamos buscar o fruto de um coração transformado. Não se trata de exigir um nível de maturidade que não seja adequado à idade. Trata-se de estar atento aos sinais de que um filho deseja ou não obedecer a Deus.

O reconhecimento do pecado é o início da salvação.

— Epicuro

2. Descubra em que área Deus já está trabalhando na vida de seu filho e concentre suas orações nisso

Deus o está conscientizando de sua necessidade de orar pela salvação de seu filho, e essa é uma maneira de você cooperar com a obra dele. Às vezes, é necessário que você peça a ele que lhe mostre em que área está trabalhando, pois pode ser difícil enxergá-la. Esteja atento à maneira como Deus está sensibilizando seu filho ou sua filha para assuntos espirituais. Ore para que o coração de seu filho amoleça e fique atento para quando isso acontecer. Veja isso como uma abertura e entre por ela, lendo passagens bíblicas sobre a salvação e apontando os diferentes modos como Deus trabalhou na vida das pessoas da Bíblia.

Fale com um cristão cuja vida tenha apresentado semelhanças com o desvio de seu filho. Descubra o que foi importante e o que criou obstáculos em sua vida. Você pode falar demais, cedo demais, na hora errada ou até se envolver numa discussão e causar mais prejuízos do que benefícios. Peça a Deus que o impeça de dizer ou fazer qualquer coisa que possa dar razão para seu filho rejeitar o convite de Deus outra vez.

Como começo a orar especificamente?

Use as perguntas abaixo para criar uma lista de oração:

1. Em que área Deus está sensibilizando meu filho para assuntos referentes a ele?

2. Que tipo de perguntas meu filho está fazendo sobre Deus e a vida?

3. Em que aspectos meu filho se mostra aberto para minhas orações?

4. Quais circunstâncias Deus poderia usar como porta?

5. O que cativa a atenção do meu filho? Como Deus poderia usar isso?

Minha lista de oração para:

1.

2.

3.

4.

5.

3. Peça a Deus que lhe ajude a harmonizar as palavras de suas orações com os atos de sua vida

Nada afeta seu filho de forma mais direta do que o modo como você vive para Deus em meio à rotina diária. O que causa maior impacto é a vida que ele vê você viver, não as palavras que diz. Você é uma Bíblia viva, especialmente quando seus filhos acham que não precisam lê-la por conta própria. Pratique a espiritualidade da confissão, do perdão, da bondade, da longanimidade e do autocontrole. Lembre-se de que elas se expressam em sua vida na mesma medida em que você cede ao controle do Espírito Santo de Deus. Demonstre que valoriza as prioridades divinas na diversão, no trabalho e nos relacionamentos. Faça diariamente a oração que purifica o coração: "Vê se há em *minha* conduta algo que te ofende, e dirige-me pelo caminho eterno" (Salmos 139:24; grifo da autora). Há muita coisa em jogo. Sua obediência e seu crescimento diário em Cristo são absolutamente essenciais se você quiser que seu filho reconheça que a salvação faz uma grande diferença na vida.

Lembre-se: não se trata de viver uma vida perfeita aos olhos de seus filhos. Às vezes, a forma como você lida com reações erradas é o que causa o maior impacto. Assuma responsabilidade por atitudes e ações erradas. Não culpe outros ou uma situação difícil. Peça perdão direta e especificamente se você errar. Não se desculpe por ainda estar evoluindo. Seus filhos precisam saber como devem lidar com essas mesmas coisas.

4. Entregue a Deus seu medo sobre o que poderá acontecer se seu filho continuar dizendo não a ele

Medo do que *pode acontecer* paralisa. Os medos do tipo "E se...?" não se referem a realidades. Lembre-se: Deus lida com realidades. Muitas vezes, o que faz você se sentir impotente é a falta de controle sobre o destino eterno de seu filho. Reconheça seus sentimentos de impotência diante de Deus e o poder onisciente dele. Ele irá a seu encontro e lhe ajudará a perder esse medo, para que ele não influencie suas atitudes em relação a seu filho. Permita que Deus lhe mostre o quanto ele ama seu filho. Não há nada que você possa dizer para que Deus ame seu filho mais do que ele já ama. Permita que o amor perfeito de Deus por seu filho e por você retire seu medo e lhe dê esperança.

O perfeito amor expulsa o medo.

— 1João 4:18

5. Lembre-se de que você é apenas um membro da equipe de busca e resgate de Deus

Ouça atentamente as histórias da salvação que as pessoas contam à sua volta. Você ficará surpreso com o tamanho da equipe de busca e resgate que Deus tem à sua disposição para salvar seus filhos perdidos. Os pais cristãos definitivamente fazem parte dessa equipe, mas muitas vezes não são eles que estabelecem a conexão decisiva. Ore pela equipe de resgate que Deus criou ou está criando para seu filho. Não carregue todo o fardo sozinho. Encontre um parceiro de oração. Compreenda que a salvação de seu filho não é responsabilidade sua — é responsabilidade de Deus. Sua responsabilidade é viver "de maneira exemplar para que [seus filhos] observem as boas obras que vocês praticam e glorifiquem a Deus" (1Pedro 2:12).

6. Ore para entregar seu filho ao controle absoluto de Deus

Você não pode controlar seu filho a ponto de levá-lo à salvação. A salvação é uma obra do amor de Deus. Ele sussurra, convida, confronta com amor e fala a verdade. Ele está sempre atento e aguarda, ama e perdoa. Desenvolva essas características em seu amor por um filho distante de Deus. Já que Deus é o autor e a encarnação perfeita de cada uma dessas características, não há ninguém mais capaz de atrair seu filho para Deus do que ele próprio. Ore com um entendimento confiante.

7. Peça a Deus que produza um sentimento de falta no coração de seu filho

Foi Pascal quem disse: "Há um vácuo com a forma de Deus em cada coração." Nada consegue preencher esse espaço além de Deus, pois é onde ele quer morar. Quando não vive em nossos filhos e nossas filhas, ele não satisfaz totalmente esse anseio. Atitudes nervosas que se expressam em rebeldia, rejeição e experimentação apontam para esse tipo de falta. Se seu filho ainda morar em sua casa, a tentação é muito grande de focar a oração no pecado, em vez de concentrá-la no problema do coração. Tente encontrar um equilíbrio. Ore para que seu filho sinta essa falta e se abra para o único tratamento eficaz: a salvação.

Há um vácuo com a forma de Deus em cada coração.

— Pascal

8. Ore para que seu filho deseje os benefícios da salvação

Não faz sentido alguém querer rejeitar a oferta do amor perfeito, do relacionamento infalível e das provisões eternas de Deus, mas algumas pessoas o fazem. Culpamos famílias desajustadas, pressão dos colegas, influências seculares, defeitos genéticos e uma lista de outros sintomas. No entanto, um estilo de vida pecaminoso é resultado de escolher o pecado e o egoísmo e rejeitar Deus. Mas por quê? Que imagem da salvação estão rejeitando? Será que realmente conseguem ver os benefícios de uma vida com Deus? Reveja esses benefícios e pergunte-se se sua vida os reflete. Depois, ore para que seu filho reconheça os benefícios em sua própria vida.

Quais são os benefícios da salvação? Use as passagens bíblicas abaixo para começar sua lista. Inclua-os em sua oração diária durante uma semana. Peça que Deus lhe mostre qualquer coisa em sua vida que não permita que esses benefícios se manifestem.

Salmos 119:41:

Romanos 6:23:

Romanos 8:31-32:

Romanos 10:11:

2Coríntios 1:20:

Você está começando a perceber o que Deus está querendo que você transmita para seu filho? A salvação compartilha um amor infalível numa sociedade na qual os relacionamentos frequentemente não dão certo. Apenas a salvação oferece uma vida eterna aos que habitam num mundo em que nada dura para sempre. A salvação prova que Deus está ao nosso lado e que nada que fazemos em obediência a ele gera vergonha. Orar por essas coisas é algo emocionante.

9. Encontre um parceiro de oração

Você não precisa de alguém apenas para acompanhá-lo em sua vigília por seu filho; precisa de um parceiro que o obrigue a prestar contas de seus atos e suas reações. Pode ser outro pai que tenha um filho pródigo ou uma pessoa com maturidade e discernimento espiritual para ajudá-lo a orar pelo seu filho. Encontrem-se semanalmente, se possível, ou pelo menos mensalmente. Faça três perguntas a seu parceiro de oração: Como você tem orado pelo seu filho? Que respostas, lições ou direções você está percebendo da parte de Deus? O que você tem feito para fortalecer o relacionamento com seu filho? É importante orar mais do que falar. Não é à toa que o chamamos de parceiro de *oração*.

Prestação de contas

Como você tem orado pelo seu filho?

Que respostas, lições ou direções você está percebendo da parte de Deus?

O que você tem feito para fortalecer o relacionamento com seu filho?

Ore

Existe algo na história de sua vida que o ajuda a entender as escolhas de seu filho de não aceitar Deus?

Quais reações de outras pessoas ajudaram ou obstruíram seu caminho para Deus?

Leia a história do filho pródigo em Lucas 15:11-32. Que parte fala diretamente de sua experiência como pai de um filho pródigo?

Fazendo a oração que Deus deseja responder

A oração pela salvação de seus filhos é a oração que Deus mais deseja responder. Será que realmente compreendemos que não existe nada que Deus queira mais do que recebê-los em sua família? A compreensão disso deve nos capacitar a orar com uma liberdade e ousadia que não é artificial. Esse tipo de oração precisa estar completamente arraigado na natureza de Deus, nesse equilíbrio misterioso e inexplicável entre amor e justiça, permissão e disciplina, graça e juízo. É uma oração que traz consigo a perspectiva de Deus, uma perspectiva que conseguimos adotar assim que abrirmos mão de tudo que grite: "Do meu jeito!" A oração que Deus responderá reflete seu caráter verdadeiro em todos os aspectos. Confirma a Escritura sem exceção. Corrige as prioridades, os valores e a direção da vida sem desculpas.

Comecemos, então, a orar por nossos filhos como nunca oramos antes.
Oremos não só porque os amamos, mas também porque Deus deseja tê-los por perto.
Ele nos dá a honra de sermos canais pelos quais sua bênção chega a nossos filhos.

— Andrew Murray, *Teach Me to Pray* [Ensina-me a orar]

A oração persistente

Você pode orar para que seus filhos pequenos façam sua primeira profissão da fé ou para que seu filho se arrependa e volte para Deus, mas saiba que você está fazendo a oração que Deus deseja responder. Nunca deixe de fazê-la. A oração persistente não faz com que Deus passe a amar seu filho ou a você mais do que já ama, mas preserva-o como instrumento dele na vida de seus filhos. Ore quando não vê resultados. Ore ainda mais quando os vê. Enquanto seu filho for capaz de escolher, há tempo para escolher Deus.

Mais passagens bíblicas para sua oração

Aguardo a tua salvação, SENHOR, e pratico os teus mandamentos. (Salmos 119:166)

É bom esperar tranquilo pela salvação do SENHOR. (Lamentações 3:26)

Quem me oferece sua gratidão como sacrifício, honra-me, e eu mostrarei a salvação de Deus ao que anda nos meus caminhos. (Salmos 50:23)

Estou quase desfalecido, aguardando a tua salvação, mas na tua palavra coloquei a esperança. (Salmos 119:81)

O Espírito nos ajuda em nossa fraqueza, pois não sabemos como orar, mas o próprio Espírito intercede por nós com gemidos inexprimíveis. (Romanos 8:26)

Orem por nós, para que Deus abra uma porta para nossa mensagem, a fim de que possamos proclamar o mistério de Cristo, pelo qual estou preso. Orem para que eu possa manifestá-lo abertamente, como me cumpre fazê-lo. (Colossenses 4:3-4)

Orem por mim, para que, quando eu falar, seja-me dada a mensagem a fim de que, destemidamente, torne conhecido o mistério do evangelho. (Efésios 6:19)

Não importa o que aconteça, exerçam sua cidadania de maneira digna do evangelho de Cristo. (Filipenses 1:27)

Sua vez

Ore para que seu filho desenvolva fome e sede pela justiça (Mateus 5:6). O que em sua vida demonstra a fome e a sede que você está pedindo para seu filho?

Ore para que seu filho compreenda como Deus e a vontade dele satisfazem suas necessidades de modo que nenhuma outra pessoa ou coisa consegue satisfazer. Como Filipenses 4:19 descreve essa satisfação?

Ore para que os olhos do coração de seu filho se abram para Deus.

Segundo Efésios 1:18-21, o que seu filho conseguiria ver com esses olhos do coração?

Escreva uma oração para a salvação de seu filho baseada nos princípios e nas passagens bíblicas deste capítulo.

Orando pela salvação de seu filho

1. Ore *primeiro* pela saúde espiritual de seu filho.

2. Reveja o significado da salvação e ore para que Deus o ajude a vivê-lo diariamente.

3. Ore por oportunidades de compartilhar e recontar a história da salvação de Deus.

4. Ore para que Deus use as qualidades de seu filho para trazer-lhe a salvação.

5. Esteja disposto a fazer uma avaliação correta da condição espiritual de seu filho.

6. Nunca deixe de orar.

Ele lhe trará uma mensagem por meio da qual serão salvos você e todos os de sua casa.

— Atos 11:14

Minha oração:

Querido Deus,

Meu filho sofre pressão dos amigos, e entendo seu dilema. Ele tem um olhar perdido, e não sei como lidar com isso. Temo que ele busque uma solução rápida e fácil demais para preencher sua solidão da maneira errada. Se eu soubesse o que vai acontecer, poderia ajudá-lo a esperar. Como posso incentivá-lo a ser paciente durante essa fase de transição sem um mapa?

Em transição.

Querido Em transição,
eu sou o princípio e o fim. Posso guiar vocês dois.

Seu Guia.

4
Orando em fases de transição

As pessoas se mostram mais abertas para Deus quando se encontram (...) em fase de transição.

— Rick Warren, *Uma vida com propósitos*

Transições são processos para virar a página. São caracterizadas por mudanças entre fases de crescimento, acontecimentos importantes da vida, relacionamentos etc. E é isso que as torna frustrantes: estão sempre *entre* duas coisas. Há uma sensação de término e começo ao mesmo tempo. A não ser que o próximo passo seja muito evidente, a tendência de qualquer pessoa é agarrar-se ao que já é familiar ou avançar rápido demais para o novo. Ambas as tendências podem fazer seu filho perder o próximo passo saudável.

Mesmo que as transições possam ser muito frustrantes, também são muito importantes. Você se lembra do que seu professor de português lhe ensinou no ensino médio sobre as transições? Elas o ajudam a passar de uma ideia para a próxima, conectando o que veio antes com aquilo que virá a seguir. Chamo essas conexões de "pontes". Ligam o conhecido ao desconhecido.

Transição

O processo de passar de um estado, forma ou fase para o próximo: mudança, passagem, transformação, trajetória.

Roget's II: The New Thesaurus, 3ª edição, 1995

A maturidade e o desenvolvimento dependem da passagem do conhecido para o desconhecido. Infelizmente, nossos filhos podem enfrentar dificuldades quando se sentem presos no meio dessas fases. Às vezes parece que nada está acontecendo — um período no limbo, um período de vácuo.

Mas algo *está* acontecendo. Transições são fases-chave porque representam movimento, não estagnação. O que nossos filhos fazem nesse período determina o que vem a seguir. É por isso que precisam de oração durante suas transições.

Nossos filhos vivenciam transições sempre que passam de uma fase de desenvolvimento para a próxima. Cada verão é uma transição. O mesmo vale para o período entre amizades, namoros ou empregos. A transição é a ponte que nos prepara para a mudança. Algo chegou ao fim; algo novo está a caminho.

Fases-chave de transição

Seguem alguns exemplos de transições no crescimento de nossos filhos. Você conhece outros?

Físicas

De engatinhar para andar ____________________

De criança para adolescente ____________________

De adolescente para jovem adulto ____________________

Mentais/emocionais

De literal para conceitual ____________________

De dependente para independente ____________________

De egoísta para altruísta ____________________

Educacionais

Do lar para o jardim de infância ______________________

Do ensino infantil para o ensino fundamental ______________

Do ensino médio para a faculdade ______________________

Espirituais

De adquirir conhecimentos sobre Deus para conhecê-lo.

____

De recitar orações para conversar com Deus.

____

De conhecer a verdade da Bíblia para aplicar as lições bíblicas.

____

Manter o equilíbrio na transição

Alguma vez você já tentou passar da terra firme para um barco que balançava nas ondas? Pode ser uma experiência traiçoeira e desequilibrante. Enquanto sua mente processa o objeto em movimento, uma voz lá dentro lhe diz que você não deveria pisar nessa superfície instável. Mas você a ignora, pois quer fazer um passeio de barco. Cuidadosamente, coloca um dos pés no barco ondulante. Mas a questão é: Quanto mais tempo você permanecer com um pé na terra firme e o outro no barco, mas precária se tornará a "transição". Em algum momento é necessário deixar de dividir seu peso entra as duas superfícies. Saber como — e quando — fazer isso define se você fará um passeio de barco ou se tomará um banho sem querer. Lá fora, na água, um mundo completamente diferente o espera, mas você precisa colocar os dois pés no barco para vivenciá-lo.

Essa metáfora do barco me lembra de alguma transição na vida do meu filho? Em que sentido?

Algumas transições são mais demoradas do que outras. Isso pode ser um desafio para a persistência, a paciência e o otimismo. Quanto mais demorada a transição, maior o desafio. No entanto, transições prolongadas oferecem mais tempo para aprender algo novo. Pense em algumas transições pelas quais os personagens bíblicos passaram.

Moisés aprendeu como sobreviver no mundo selvagem e a cuidar de rebanhos durante sua transição de quarenta anos. Foram lições essenciais para o momento em que Deus o chamou para guiar uma nação longe da civilização. Os filhos de Israel também passaram por uma fase de transição que durou quarenta anos. Precisaram aprender que a obediência é inegociável para Deus. Como não aprenderam essa lição rapidamente, sua transição demorou mais do que o necessário.

Houve também Davi. Ele sabia que se tornaria rei. Passaram-se muitos anos desde sua unção por Samuel como o rei que Deus escolhera até o momento em que realmente passou a usar a coroa. Folheando os capítulos de sua história vemos como ele aprendeu a ouvir e a obedecer à voz de Deus enquanto enfrentava o gigante e outros inimigos — importantes lições de transição.

Não subestime as lições que você aprende durante as transições!

O que estas pessoas aprenderam durante suas transições?

Moisés (Êxodo 2:15; 3:1) *após* abandonar o Egito de sua infância e *antes* de retornar como porta-voz de Deus. ________________

____

____

Os filhos de Israel (Deuteronômio 1:1-3; 28:2, 15, 62) *após* o milagre do mar Vermelho e *antes* da entrada na Terra Prometida.

____

____

Davi (1Samuel 16:13; 17:50; 18:14; 30:6; 2Samuel 2:4) *após* ter sido ungido por Samuel como próximo rei e *antes* de ser coroado rei.

____

____

Por que orar durante fases de transição?

Existem três boas razões para usarmos as fases de transição como períodos de oração por nossos filhos.

1. As transições nos preparam para mudanças

Mudanças nos animam ou assustam. Em todo caso, elas acrescentam itens em nossas listas de oração. Oramos porque não queremos que nossos filhos entrem na próxima fase de crescimento ou se deparem com um novo acontecimento na vida sem saber o que precisam saber. Infelizmente, não podemos prepará-los para tudo. É por isso que oramos. Deus conhece o futuro e usa a obediência como matéria-prima para as coisas boas que pretende criar por meio da mudança. Deus precisa de nossa obediência e de nossos filhos, especialmente se os filhos ainda estiverem em casa. Se permitirmos que Deus opere em nós, pais, ele pode nos impedir de ter reações que não os ajudarão durante as transições. Isso nos lembra de que, quando orarmos pelos nossos filhos, devemos orar também por nós. Qualquer mudança que apareça no horizonte deles trará mudanças também para nós. Precisamos estar prontos para as mudanças que não podemos controlar. Apenas Deus pode nos ajudar nisso.

Amado Pai,

É difícil acreditar que hoje deixaremos nosso filho na faculdade. Parece que foi ontem que o levamos ao jardim de infância. Tudo que ele precisava para se sentir seguro naquele momento era de um lanche, seu boné preferido, o Ursinho Pooh e um abraço de sua mãe. Hoje, ele está levando três malas de roupa, um computador, um MP3 player com alto-falantes, uma raquete de tênis, 12 pares de sapatos, pôsteres de bandas que nunca mais precisaremos ouvir, e a única coisa que não mudou nos últimos dezenove anos: o abraço de sua mãe.
Fizemos hoje a mesma oração daquela noite em que nosso menino de olhos azuis e com quatro quilos e meio nasceu: "Senhor, o que fazemos agora?" Tomaste nossa insegurança e nosso medo do desconhecido naquela noite e nos guiaste como família. Hoje à noite, despedimo-nos de um jovem homem belo, loiro (por enquanto!), de um metro e oitenta. Oramos para que ele seja sempre fiel a ti, pois sempre foste fiel a ele.

Com um coração repleto de esperança e lembranças,

Um pai que se entrega,

Gary Sivewright.

2. Transições nos dão tempo para reflexões

Tempo é o presente mais importante que recebemos das transições. Ele nos dá a oportunidade de refletir sobre o que aconteceu e chorar por quem tenhamos perdido, além de curar nossas feridas. Quando oramos pelos nossos filhos em transição, pedimos que eles entendam sua situação do ponto de vista de Deus e identifiquem e apliquem as lições corretas das experiências do passado. Pedimos para que o tempo de transição não os desestimule.

A essência dessas orações é reconhecer a verdade. Se acreditarmos naquilo que João 8:32 diz: "A verdade os libertará", então faremos tudo que for necessário para ajudar nossos filhos a identificar e aceitar a verdade. No entanto, precisamos entender que a verdade transcende a percepção. Meu sogro costumava dizer: "A verdade é a verdade." Era seu jeito de dizer que, não importa como você se sente em relação a algo ou se sua opinião é diferente, a verdade não muda para ninguém. Nossos filhos não aprenderão sozinhos a buscar a verdade. Como pais, devemos ser exemplos de como buscar a verdade de Deus. Isso significa que devemos orar pela disposição de encarar qualquer verdade sobre nós mesmos ou nossos filhos. As transições nos dão tempo para refletir, avaliar e discutir essas coisas.

Ideias para períodos de transição

Para crianças que vivem em casa:

1. Convide seu filho para acompanhá-lo numa caminhada. Fale sobre seus sentimentos, frustrações e possibilidades futuras.

2. Leve seu filho para alguma atividade à tarde ou à noite. Faça perguntas para incentivar uma conversa. Responda as perguntas dele, guardando seus conselhos para outra hora.

3. Faça uma lista com seu filho para descobrir como usar a fase de transição de forma criativa.

4. Faça um "cesto de transição". Encha-o com divertidos lembretes estimulantes, como um livro que fale das circunstâncias de transição, um presente especial, um vale-brinde etc.

5. Existe algum projeto especial que vocês adorariam realizar juntos? Períodos de transição dão tempo para isso.

6. Plante uma semente e veja quantos dias são necessários para que aconteça alguma mudança visível. Fale sobre o que vem depois disso.

Para filhos adultos que não moram em casa:

1. Ligue ou mande mensagens mais frequentemente.

2. Dê-lhe um vale-presente ou um vale de um restaurante e incentive seu filho a usá-lo com um amigo que seja animador.

3. Dê-lhe uma planta em "transição" com instruções para que ele observe a lentidão com que a planta se transforma antes de florear.

4. Dê-lhe um "pacote de emergência". Inclua coisas que façam seu filho rir, pensar ou agir.

5. Compartilhe uma história de transição de sua própria vida. Seja sincero ao dizer se usou o tempo de forma sábia ou não. Compartilhe com ele o modo como você aplicou a lição da transição.

3. Uma fase de transição dá tempo para confessar e tratar, antes de avançar

Confessar

Algumas das transições mais difíceis são resultado de decisões pecaminosas. Durante esse tipo de transição, oramos para que nossos filhos aprendam como é importante confessar seus pecados. Tiago 5:16 nos lembra: "Confessem seus pecados uns aos outros e orem uns pelos outros para serem curados." É importante que as crianças, não importa de que idade, aprendam que a confissão liberta, ao passo que manter segredos, proteger mentiras ou defender escolhas pecaminosas escraviza. Confessar significa simplesmente aceitar a perspectiva de Deus em relação a um ato ou a uma atitude. Significa também reconhecer isso perante Deus e qualquer outra pessoa que possa estar envolvida. A confissão também aceita o que Deus determina para tratar do pecado: perdão e arrependimento. Evite usar outra palavra no lugar de pecado. Isso impede a cura que vem do perdão.

Tratar

É impossível pular a etapa da confissão e tentar tratar de lições importantes. Quando fazemos isso, o processo vira mera autoajuda. A confissão foca o coração na vontade de Deus. Como alguém pode querer fazer a vontade de Deus antes de aceitar a avaliação dele? As lições importantes fazem mais sentido depois que concordamos com o juízo de Deus sobre nossos ações ou atitudes.

Avançar

A confissão abre o caminho para o progresso. A aplicação de lições-chave abre caminho para os objetivos do crescimento que levarão ao progresso. Enquanto seu filho aprende novas lições e faz novas descobertas, fique atento a mudanças. Aponte as diferenças. Ajude seu filho a perceber os pequenos passos de progresso. Incentive cada nova tentativa da mesma maneira que acompanhou seus primeiros passos.

Incentivando a confissão

Desenvolva um relacionamento que incentive seus filhos a confessar tudo.

Aceite a confissão de seu filho sem dar-lhe um sermão.

Leve seu filho imediatamente a Deus para que ele peça perdão.

Mantenha uma comunicação aberta em sua família. Não haverá confissões se a família não cultivar uma boa comunicação.

Compreenda que aprender a confessar aos pais é o primeiro passo crucial para se aprender a confessar a Deus.

Reconheça seu papel como representante de Deus de aceitar a confissão com perdão.

Incentive seus filhos a encontrar um parceiro de oração/prestação de contas, especialmente quando alcançarem a adolescência ou a juventude.

Seja um exemplo de confissão. Caso tenha reagido rápido demais ou machucado seu filho com palavras ou posturas, confesse em voz alta e peça o perdão de seu filho.

A transição é uma dádiva

Como tenho compartilhado com outros pais, aprendi que os pedidos de oração por nossos filhos normalmente aumentam quando há algo errado, difícil ou confuso. Muitas vezes, pais e filhos relutam com questões relacionadas a transições que provêm de fatores relacionados ao tempo. O tempo pode parecer parte do problema, mas pode até ser parte da solução. Como pais, temos a chance de ver a transição como o tempo útil que ela de fato é. Podemos orar pelas dádivas que ela oferece. Isso permitirá que sintamos menos medo nesses períodos de entremeio para que as transições possam fazer sua boa obra em nós e em nossos filhos.

A adolescência é uma fronteira entre a infância e a idade adulta. Como todas as fronteiras, ela é repleta de energia e de perigos.

— Mary Pipher, psicóloga do século XX

A adolescência: uma transição crítica

Quando seguramos um recém-nascido em nossos braços, apenas *achamos* que sabemos o que é impotência. Qualquer que seja nossa definição de impotência durante a primeira semana como pais, ela não é nada em comparação com os sentimentos que dela vivenciamos como pais de um adolescente. Não importa quantos livros lemos, nunca estamos preparados para seu ímpeto de independência e o cabo de guerra iniciado por esse período. Enquanto passam por mudanças físicas e emocionais, nossas vidas não correm de forma previsível. É uma fase que põe à prova cada habilidade parental que possuímos. Às vezes, perguntamo-nos quem é que está precisando de mais orações, nossos filhos ou nós mesmos.

Evidentemente, a resposta é que *ambos* precisamos de oração. Podemos ir a Deus primeiro. Podemos reconhecer nossas inseguranças e nossos sentimentos feridos quando nos sentimos excluídos de suas vidas. Podemos permitir que Deus satisfaça essas necessidades para que estejamos prontos para ouvir as suas instruções sobre como orar por nossos adolescentes.

Uma oração sem palavras

Hoje, ela voltou para casa sofrendo. No mesmo instante em que ela entrou pela porta, eu sabia que algo estava muito errado. Um peso... uma profunda tristeza parecia envolver seu espírito enquanto sentava à mesa, a cabeça apoiada nas mãos. Quando perguntei o que havia acontecido, ela não disse nada além de: "Tive um dia ruim. Não quero falar sobre isso."
Sem saber o que fazer, levantei-me e fiquei atrás de sua cadeira, carinhosamente massageando seus ombros e suas costas. Enquanto fazia isso, vi como uma lágrima solitária escorria do canto de seu olho e pela bochecha. Ah, como esse coração de mãe sentiu a dor de sua filha!

Bette Dale Moore.

Enquanto você ora por seu filho adolescente

1. Peça que Deus lhe ajude a conectar-se com os sentimentos de seu filho antes de conectar-se com o problema

Deus quer lidar com necessidades reais na vida de seu filho. Se ele se sentir esmagado pela pressão dos colegas devido à sua insegurança ou se agir com raiva por causa de alguma mágoa, Deus irá resgatá-lo à beira do abismo antes de lidar com questões de comportamento. Faça o mesmo. Dê a seu filho a chance de se expressar sobre um acontecimento, uma circunstância ou uma pessoa sem julgar esses sentimentos.

O que você pode fazer ou parar de fazer para incentivar seu filho a compartilhar seus sentimentos com você?

____

____

____

2. Peça que Deus lhe mostre como compreender o que seu filho sente sem usar palavras

Adolescentes não ouvem palavras. A mãe da história acima usou uma massagem para expressar sua preocupação. O que você pode fazer? Segurar a mão dele? Jogar basquete com ele? Tomar um refrigerante? Ou talvez transmitir seu amor por meio de um olhar seja o suficiente. Deus lhe dará ideias se você permitir. Pratique muitos tipos de mensagens não verbais a cada dia. Isso incentivará seu adolescente a falar com você quando a hora chegar.

Faça uma lista de métodos não verbais para comunicar-se com seu filho adolescente:

____

____

____

3. Lembre-se com frequência de que Deus sabe o que você não sabe

Deus nunca o responsabilizará por aquilo que você não tem como saber — apenas por aquilo que você sabe. Se você se recusar a ver a verdade que

Deus lhe mostra, então não poderá fazer parte da resposta que ele deseja dar, fundamentada na verdade e realidade. Diga em suas orações que você está disposto a saber tudo que Deus quer que você saiba mais sobre seu filho adolescente, para que vocês dois possam estar do mesmo lado trabalhando para apoiá-lo durante esses dias determinantes.

Senhor

Por que crescer é tão difícil? Quando ela tinha sete anos de idade, tudo era muito mais fácil. Quando algo doía, ela me contava o que havia acontecido e onde ela estava sentindo a dor. Eu tratava a ferida com remédios e curativos, abraçava minha filha e a beijava, e a dor sumia. Mas agora, aos dezessete anos, muitas vezes ela parece guardar a dor para si mesma e me afasta quando tento ajudar.
Ah, amado Pai, sei que ela é também tua filha. Tu a conheces muito melhor do que eu, pois tu a criaste e a moldaste em meu ventre. Tu a trouxeste para este mundo e tu a acompanhas a cada passo diário.
Ajuda-me a saber como confortá-la quando sofre. Dá-me a sabedoria para perceber quando devo perguntar e insistir e quando devo simplesmente me afastar e amá-la — talvez através de um toque, de um olhar ou de uma oração. Acalma seu coração. Alivia sua dor. Dize-lhe que sua mãe a ama, que seu pai a ama e, sobretudo, que seu Pai celestial a ama.

Com muito amor,

A mãe dela,

Bette Dale Moore.

Deus tem preparado você para esse período. Ser pai ou mãe de um adolescente exigirá todas as habilidades que Deus tem desenvolvido em você. Qualquer coisa que possa precisar, seja paciência, flexibilidade ou discernimento, Deus tem uma reserva muito grande disso tudo à sua disposição. Sabendo que tem essas necessidades, você deveria estar ainda mais disposto a apresentar suas vulnerabilidades a Deus e pedir sua ajuda. Lembre-se: não é a primeira vez que ele faz isso.

Orando pelo seu filho adolescente

Agradeça a Deus pelo fato de a adolescência ser uma fase normal de desenvolvimento e ore recitando Salmos 139:13-16 com isso em mente.

Insira os nomes de seus filhos em Tito 3:13; e seu nome no versículo 14 ao pedir que Deus lhe ajude a perceber as necessidades reais de seu filho.

Ore recitando Efésios 4:29 e faça uma lista das maneiras como você incentiva seus filhos com e sem palavras.

Peça que o Espírito de Deus repouse sobre você e seu filho como descrito especificamente em Isaías 11:2-3.

A transição pode ser um intervalo normal entre fases da vida ou uma interrupção imprevista causada por doença, acidente ou divórcio, mas é sempre um período crítico. Deus quer usar esse período para ajudar seu filho a reavaliar a vida e mudar seu foco. Isso dá a você uma lista de orações importantes. Use as páginas seguintes para ajudá-lo a focar suas orações de modo que produza crescimento. Fique atento a como Deus responde a essas orações e observe como elas se tornam parte de respostas ainda maiores.

Como devo orar por meu filho em fase de transição?

1. Ore para que seu filho use a transição para aprender com o passado

Quais as lições que Deus quer que seu filho aprenda sobre lealdade, liderança, misericórdia, vontade ou amor de Deus? Como essas lições o ajudarão na próxima fase de sua vida? Ore para que essas lições se manifestem e para que seu filho as reconheça. Depois, ore e peça que seu filho as coloque em prática.

2. Ore para que você e seu filho vejam a transição como algo produtivo

Não importa se seu filho está mudando de emprego ou saindo de casa para morar sozinho, transição não é estagnação. Sempre há algo a fazer. Às vezes, a transição faz sua própria agenda. Mudar-se exige arrumar suas coisas. Uma cirurgia exige cura. A morte — até mesmo a morte de sonhos — exige luto. Mesmo quando não ocorrem mudanças visíveis, esse período deve ser um tempo de fortalecimento e mudança interna. Ore recitando Efésios 1:18. Ore e peça que seu filho preencha essa fase de transição com atividades e atitudes que o ajudem a se preparar para o próximo acontecimento da vida.

Ajudando seu filho a fazer a transição

1. Fale sobre o que chegou ao fim, especialmente sobre o que você sente a respeito disso.

2. Peça a seu filho que identifique lições.

3. Incentive seu filho a focar no futuro, não no passado.

4. Anote as possibilidades para o futuro e as apresentadas pela fase de transição.

5. Descubra maneiras de aprimorar uma habilidade que será necessária para um novo começo.

6. Incentive escolhas que farão uma diferença positiva.

7. Celebre aquilo que encerrar a fase de transição.

8. Fale sobre o tempo de Deus e sua lealdade durante essa fase.

3. Ore para que o amor perfeito expulse o medo

É normal termos medo daquilo que não conhecemos. No entanto, 1João 4:18 proclama: "No amor não há medo; pelo contrário, o perfeito amor expulsa o medo." Em vez de orar contra o medo, ore para que o amor perfeito de Deus preencha, acalme e estabilize seu filho. Ore para que seu amor preencha você e que seu filho compreenda que Deus está envolvido em cada detalhe. Ele quer proteger, preencher e completar seu filho. Em sua oração, agradeça a Deus pelas evidências de seu amor na vida de seu filho. Quanto mais você focar no amor de Deus, menos espaço haverá para o medo.

Pai,

Ele se tornou adolescente hoje. Conheces todos os medos dele e também os meus. Obrigado, Senhor, por ser nosso guia nessas transições. Que eu e ele possamos sempre nos lembrar dos teus caminhos. Fortalece-o contra as pressões que virão e contra as tentações que perseguem um adolescente. Derrama teu Espírito na vida dele. Treina a consciência dele para que ela responda a teus caminhos, e alimenta seu coração nos caminhos da justiça. Preserva-o puro para teu serviço e dá-lhe uma adolescência frutífera e cheia de sentido. Ofereço esta oração no poderoso nome de Jesus.

Com esperança,

Um pai confiante,

C. Neil Strait.

Ao orar durante fases de transição...

1. O plano de Deus prepara seu filho para essa transição

Deus plantou sementes de qualquer coisa que seu filho possa necessitar para suportar uma transição difícil ou confusa. Sua tarefa é regar essas sementes. Alimente os mínimos sinais de esperança, perseverança, criatividade, obediência ou qualquer outra característica que Deus deseja cultivar em seu filho durante um período de mudanças. Nunca se esqueça de que a vontade de Deus para seu filho é que a bondade e a misericórdia o acompanhem todos os dias de sua vida e que seu filho habite na casa de Deus para sempre (Salmos 23:6).

2. Ore para que seu filho possa identificar um relacionamento, uma lição, uma habilidade ou uma qualidade que será importante na próxima fase de crescimento

Isso ajuda a manter o foco da transição voltado para frente e devolve um elemento de controle a um tempo que pode parecer fora de controle. Ajuda seu filho a se sentir produtivo. Mas tenha cuidado para não forçar ou avançar rápido demais. Ofereça sugestões, mas permita que seu filho escolha. Celebre descobertas e novas oportunidades de forma adequada à conquista. Salmos 119:173 é uma boa oração para seu desejo de que Deus seja a ajuda mais importante que seu filho recebe.

Que relacionamento, lição, habilidade ou fruto espiritual ajudará seu filho a se preparar para o próximo passo de crescimento? Escreva sua oração baseando-se em Filipenses 1:6.

____

____

____

3. Tente identificar fases previsíveis na transição

Algumas transições apresentam fases bastante previsíveis. A jornada do luto nos leva às fases da negação, da raiva e da aceitação. As férias e o ano letivo estão previstos no calendário. A transição para um emprego novo se inicia com uma descarga de adrenalina acompanhada por um aprendizado intenso, e depois se acalma no estabelecimento de uma rotina. Os médicos nos dizem o que vai acontecer quando estamos nos recuperando de uma cirurgia ou de um osso quebrado. Tente identificar fases previsíveis na transição que seu filho enfrenta no momento. Mesmo que seu filho não esteja disposto a falar sobre as fases, você pode orar por elas. Reconhecê-las pode ajudar a identificar progressos mesmo quando a sensação é de que nada esteja acontecendo.

4. Ore para que seu filho reconheça os perigos de permanecer na fase de transição por tempo demais

Às vezes, um adolescente ou jovem adulto não encerra um relacionamento pelo fato de ser confortável. Alguém que terminou o ensino médio pode querer ficar em seu primeiro emprego e adiar a faculdade. Existem muitas razões pelas quais as pessoas permanecem na fase de transição por tempo demais. Ore para que seu filho esteja disposto a aceitar o fim de algo confortável para abrir caminho para um passo que estimule o crescimento.

Ore para que ele confie na segurança de Deus num período em que permanecer na fase de transição pode ser inseguro. Ore recitando Filipenses 1:9 todo dia, caso seu filho pareça estar preso desnecessariamente nessa fase. Ao discutir suas preocupações com ele, aprenda a liderar de forma positiva e não por meio de críticas ou sermões. Confirme traços da personalidade que Deus lhe deu. Fortaleça o desejo de seu filho de seguir a vontade de Deus. Reafirme a liderança de Deus. Faça dessa fase um tempo de enriquecimento.

Escreva aqui sua oração baseada em Filipenses 1:9:

5. Ore para que a transição de seu filho seja um período de crescimento também para você

Não importa o quanto você se prepare para as transições esperadas na vida de seu filho. Da casa para o jardim de infância, ou da infância para a adolescência, essas transições sempre representam uma transição para você também. Ore para si mesmo a fim de que essa for lhe ajude a aprender a ter autocontrole, paciência, perseverança e fé de formas bem específicas, que resultem em crescimento. Não exija de seu filho um crescimento que você não está disposto a ter em sua própria vida.

Faça uma oração para si mesmo baseada em Gálatas 5:22 durante essa transição:

____

____

Transição é uma questão de tempo

Quando Lisa terminou o ensino médio, todos nós respiramos fundo. Havia sido um esforço longo, difícil e incrível. Estávamos todos prontos para um merecido descanso e uma festa! O que veio depois foi imprevisivelmente difícil. Havíamos trabalhado tanto para ajudar Lisa a alcançar seu objetivo de chegar à formatura do ensino médio que simplesmente não pensamos em planejar a próxima meta na vida dela. Devido ao conjunto singular de deficiências de Lisa e os recursos limitados de nossa comunidade, achar um emprego para ela foi tão difícil como atravessar o mar Vermelho. De repente, todos nós nos víamos em meio a uma nova e inesperada transição. Eu sabia que Lisa poderia desanimar facilmente naquele período. E foi o que quase aconteceu. Reconheci que precisava fazer algo, que era um período no qual precisava orar por ela, já que perderíamos tudo que havíamos conquistado se ela desistisse.

Orei por meios criativos de preencher o tempo de transição. Orei pela perseverança de Lisa e pela minha também. Orei para que pudéssemos aprender maneiras de apoiá-la. Orei para que o mar Vermelho se abrisse.

Orando durante fases de transição

1. Ore para que Deus prepare você e seu filho para mudanças e crescimento (1Pedro 1:13).

2. Ore para que você e seu filho usem a transição para avaliar atitudes e condutas do ponto de vista de Deus (Filipenses 4:8).

3. Ore para que seu filho aplique a estratégia confessar-tratar--avançar. Faça disso um padrão para a família (Tiago 5:16; Colossenses 1:10-12; Tiago 1:4).

4. Ore para que Deus lhe ajude a criar uma ligação com os sentimentos de seu filho referentes à transição (Colossenses 2:2).

5. Peça que Deus lhe ajude a encontrar maneiras não verbais de estimular seu filho.

6. Ore para que seu filho aprenda lições importantes do passado e construa uma ponte para o futuro (2Timóteo 3:14; Efésios 4:15).

7. Ore para que o amor perfeito expulse o medo de seu filho e de você (1João 4:18).

A boa notícia é que conseguimos. Quando a resposta de Deus para Lisa veio, ela foi perfeita. A fase de transição havia nos dado a oportunidade de abrir mão de expectativas pouco realistas. Aprendemos quais agências e empregos eram viáveis e quais não eram. Tudo que aconteceu em nosso período de transição nos fez reconhecer o tempo perfeito de Deus. A oração me impediu de agir em desespero e me manteve sintonizada com as respostas de Deus. Lisa alcançou outro nível importante em suas lições sobre confiar em Deus. Ele está presente em cada transição. Sua presença nos diz que há esperança no futuro.

Sua vez

Ao reconhecer que os pais precisam ser exemplos daquilo que querem que seus filhos aprendam, identifique uma fase de transição em sua vida. Use Filipenses 4:8 para descrever a perspectiva que você queira usar como exemplo durante a transição.

Aplique o modelo confessar-tratar-avançar a uma área de transição ou crescimento em sua própria vida. Lembre-se de um tempo em que foi difícil ser sincero com Deus ou aceitar a verdade dele para você. Use esse entendimento para orar por seu filho quando ele enfrentar questões semelhantes na vida.

Usando Colossenses 2:2, faça uma lista de maneiras específicas de encorajar o coração de seu filho, promover a unidade e aumentar o entendimento sobre quem Deus é. Após orar sobre sua lista de ideias, peça que Deus chame sua atenção para o item que ele quer que você realize. Anote os resultados aqui.

Qual é seu maior medo em relação a essa transição referente a seu filho? Referente a você? Escreva uma oração baseada em 1João 4:18, pedindo que o amor de Deus expulse seu medo.

Oro também para que os olhos do coração de vocês sejam iluminados, a fim de que vocês conheçam a esperança para a qual ele os chamou, as riquezas da gloriosa herança dele nos santos.

— Efésios 1:18

Sua oração

Amado Deus,

Ela está prestes a tomar uma das decisões mais importantes de sua vida. Temo que esteja cogitando uma escolha que trará consequências desnecessárias. Mas ela não quer me ouvir. O que posso fazer?

Fora de controle.

Querida Fora de controle,
deixe-me controlar você. Não permita que o medo ocupe meu lugar em sua vida.

O Deus que controla tudo.

5
Orando durante momentos críticos

Satanás treme quando vê o mais fraco dos santos de joelhos.

— William Cowper

Uma filha adolescente, com sua independência recém-adquirida, começa a namorar alguém com o potencial de afastá-la de Deus. Um filho adulto liga para dizer que ele e sua esposa estão se divorciando. Seu filho volta chorando da creche porque as outras crianças implicam com ele. O diretor da escola ligou para informá-lo que seu filho do quarto ano foi visto roubando algo.

A oração se torna uma linha de segurança vital quando seus filhos passam por momentos críticos. Esses momentos não necessariamente são resultado de rebeldia. Talvez nada tenham a ver com falhas espirituais. Podem representar um tempo em que seu filho sente ter perdido o controle ou precisa lidar com a injustiça da vida. São momentos essenciais porque oferecem uma chance de aplicar aquilo que um filho sabe sobre Deus. É quando as histórias da escola dominical precisam ser aplicadas à vida real para provocar o crescimento e o amadurecimento de seu filho.

Deus, trago-te cada criança ferida.

— Sarah Adams

Por que orar em momentos decisivos?

1. Momentos críticos são encruzilhadas

Uma encruzilhada oferece escolhas. Pode ser uma escolha entre um caminho que agrada a Deus e outro que o rejeita. Pode ser uma escolha entre o bom, o melhor e o ideal. Fazer escolhas com responsabilidade faz parte do processo de crescimento. Oramos em momentos críticos porque são oportunidades de crescimento. No entanto, a encruzilhada de nossos filhos confronta também os pais com escolhas. Nossas palavras, ações e reações ou ajudam nossos filhos a descobrir como fazer uma escolha certa ou os afastam de nós. Todos que se encontram nessa encruzilhada precisam de oração.

Senhor,

Conheces as emoções de nossa vida e o efeito devastador da rejeição. Peço que tu, nosso Pai celestial, estendas a mão a nosso filho durante esse tempo de dor e rejeição. Encontra um caminho para acalmar a tempestade e segurá-lo firme enquanto tudo desmorona ao redor dele. Atrai-o para ti a fim de que possa encontrar conforto em teus conselhos e cuidados. Fala com ele quando mais precisa ouvir as tuas palavras, para que entenda que a vida não faz sentido sem teu amor.

Confiando em ti,

Um pai preocupado,

C. Neil Strait.

2. Momentos críticos encorajam a fazer perguntas sobre Deus e o cristianismo

Às vezes, são perguntas incômodas. Quando um dos amigos de seu filho morre repentinamente, ele talvez pergunte: "Por que Deus não impediu isso?" Quando um sonho querido ou um relacionamento vai por água abaixo, a criança pergunta: "Por que Deus permitiu que isso acontecesse?" O que importa nesses tempos críticos não é responder a todas as perguntas. Poucos são capazes de fazer isso. Antes, devemos ajudar nosso filho a descobrir o caráter de Deus sob novas circunstâncias.

3. Momentos críticos nos assustam

O perigo de momentos críticos é que eles nos enchem de medo. Sabemos muito bem o que está em jogo. Tememos que nossos filhos façam escolhas erradas ou fiquem desanimados e desistam. No entanto, se nossas orações partirem do medo, nós paralisamos a nós mesmos, de modo que fica difícil ouvir o que Deus quer que *nós* façamos.

Ora, e deixa Deus se preocupar.

— Martinho Lutero

O medo impede que sejamos os instrumentos de que Deus precisa. Em vez disso, precisamos aprender a *desviar* nosso foco das circunstâncias que suscitam esse sentimento e *voltá-lo* para Deus, que sabe mais sobre esse período do que nós. Isso não significa que podemos nos livrar do medo. No entanto, para sermos intercessores por nossos filhos, precisamos estar preenchidos mais de Deus do que dele.

Quais são os problemas que seus filhos estão enfrentando? É uma decisão, um emprego, um relacionamento? Ao fazer a lista, lembre-se de que não há nada que Deus não saiba sobre cada questão crítica. Em cada item da lista, deixe que a sabedoria e o poder de Deus substitua o medo.

O que nós não podemos fazer

Se há algo que aprendemos nessa jornada em oração é o fato de que não são as palavras de nossa oração que provocam alguma mudança — é sempre *Deus* que o faz. Nossas orações nunca mudarão a lei da gravidade. Se uma criança perde o equilíbrio, a gravidade fará seu trabalho. No entanto, uma criança que está atenta às palavras de Deus pode ser afastada do abismo. Nossas orações não mudarão a mente de nosso filho. Mas Deus pode nos ajudar a escolher as palavras certas para que consigamos expressar aquilo que ajudará nosso filho a fazer a melhor escolha. Na medida em que passamos a ver a oração menos como instrumento para convencer Deus daquilo que ele *precisa* fazer e mais como maneira de ouvir o que Deus quer que *nós façamos*, conheceremos também o poder da oração.

A oração não é uma discussão com Deus para coagi-lo a trazer-nos determinadas coisas, mas um exercício pelo qual o Espírito nos capacita a nos aproximarmos dele.

— Leonard Ravenhill

A oração verdadeira nos conecta com a mente de Deus. Oramos para ouvir a vontade dele e então fazer sua obra. A oração verdadeira também nos conecta com o *coração* de Deus. Reconhecemos de maneiras mais profundas que Deus nunca deixa de nos amar e de nos guiar. Oramos para que o coração de Deus viva em nós para que possamos estender a mão em amor. A oração verdadeira é nossa corda de segurança que nos leva à verdade e à realidade. Oramos para que a reconheçamos, especialmente quando ela se opõe à nossa perspectiva.

A melhor maneira de orar

Tantas vezes procuramos a presença de Deus para falar sobre um assunto difícil na vida de nossos filhos e nos sentimos impotentes na tentativa de formular nossa oração de tal maneira que provoque alguma mudança. Apesar de sabermos o que gostaríamos que acontecesse, não sabemos como orar para que aquilo, de fato, ocorra. Essa confusão se torna um obstáculo para a paz que deve provir da oração. É claro que às vezes Deus confirma que aquilo pelo que você está orando corresponde também à vontade do coração dele.

Mas o que fazer se você não sabe como ou o que orar? Romanos 8:26 nos lembra de que podemos confiar no Espírito Santo. Ele orará por nós. João 14:26 nos diz que o Espírito Santo nos lembrará das palavras de Jesus. Esses dois versículos me lembram de que, se eu estiver orando a Palavra de Deus, posso sempre ter certeza de que minha oração corresponde à mente e ao coração dele.

Uma maneira de orar por seu filho sem correr o risco de orar pelos seus próprios desejos é por meio das passagens das Escrituras. A Palavra de Deus identifica clara e especificamente tudo que um filho de Deus precisa para tomar as decisões que o agradam ou para perseverar durante períodos de luto, dor ou dificuldades. Ler a Palavra de Deus nos ajuda a priorizar a vontade dele. Qual é a vontade dele para nossos filhos? Antes de mais nada, é que pertençam a ele e vivam sob sua liderança.

Bons conselhos de oração

O que o Espírito Santo fará por nós segundo Romanos 8:26?

____

____

O que o Espírito Santo fará por nós segundo João 14:26 e 16:13?

____

____

O que isso nos ensina sobre a oração?

____

____

Senhor,

Tu entendes como uma mudança pode ser dramática para nossos filhos. Quando nos mudarmos para um novo lar que os afastará de seus amigos, peço que tu preenchas esse vazio com teu amor, tua compreensão e tua graça. Peço que tragas novos amigos para suas vidas, amigos que os recebam, acolham e animem em tempos de solidão. Ajuda nossos filhos a escolher amigos novos que enriqueçam suas vidas e te agradem.

Ao Deus que não se muda,

Um pai confiante,

C. Neil Strait.

Orar recitando passagens da Bíblia é um exercício que permite que você identifique uma passagem-chave que se encaixa perfeitamente no problema que seu filho enfrenta. Simplesmente insira o nome de seu filho nessa passagem. Fazer isso o impede de orar por questões secundárias. As Escrituras sempre vão à raiz do problema e às questões do coração.

Para este problema crítico...	*Ore esta passagem*
Uma decisão difícil	**Romanos 1:5**
Circunstâncias injustas ou confusas	**Romanos 8:31**
Pressão dos colegas ou influências negativas	**Romanos 12:2**
Ignorar ou negar realidades ou consequências	**Efésios 1:18**
Dar ouvidos às vozes erradas	**Colossenses 2:8**
Perguntas sobre Deus	**Jó 42:2**
Incertezas sobre o caminho a seguir	**Tiago 1:5**

Ore o pai-nosso

Descobri também que a oração que Jesus ensinou a seus discípulos é uma oração que abarca uma variedade de questões nas vidas de nossos filhos. Ela foca nas prioridades certas e nos pedidos corretos. Veja-a como exemplo para as orações pelos nossos filhos. Ore o pai-nosso com frequência para eles.

> Ore para que as atitudes e atividades de seu filho honrem o nome de Deus.
>
> Ore para que seu filho faça do reino de Deus uma prioridade em sua vida.
>
> Ore para que seu filho busque e obedeça a vontade de Deus.
>
> Ore para que seu filho encontre a satisfação plena naquilo que Deus lhe dá.
>
> Ore para que seu filho procure o perdão de Deus e de outras pessoas.
>
> Ore para que seu filho se afaste das tentações.

Simplesmente peça

Em Tiago 1:5, Deus diz que, se precisarmos de sabedoria — e que pai não precisaria? — tudo que temos que fazer é pedir. Podemos perguntar a Deus qual seria sua oração por nossos filhos, não importa qual seja o problema. Quando paramos de pedir por aquilo que nós queremos e pedimos a Deus que ele nos mostre o que *ele* quer, nossas orações mudam e a paixão com que oramos também.

Usando o pai-nosso como exemplo, escreva uma oração para seus filhos (Mateus 6:9-13).

Agora volte e faça essa oração especificamente para si mesmo.

Lembro-me de uma época em que Lisa estava tendo grandes dificuldades em uma de suas aulas. Pela maneira como ela descreveu o que aconteceu na escola, pensei que ela havia sido injustiçada ou não a tinham compreendido corretamente. Queria ir direto para a escola e conversar com a professora, mas, em vez disso, apresentei o problema a Deus na manhã seguinte. Perguntei a ele pelas coisas que eu não sabia em relação a essa situação e perguntei também como deveria orar por isso. Enquanto folheava a Bíblia, deparei-me com Isaías 50:7:

> *Porque o* S*ENHOR* *Soberano me ajuda, não serei constrangido. Por isso eu me opus firmemente como pederneira, e sei que não serei envergonhado.*

Nunca havia usado esse versículo para orar por alguém. No entanto, naquela manhã, não consegui me soltar dele. Assim, orei por Lisa, recitando o versículo. Orei para que Deus lhe ajudasse a não ser constrangida ou envergonhada. De repente, como o sol rompe por entre as nuvens num dia triste, reconheci o problema verdadeiro que Lisa estava enfrentando. Não era um tratamento injusto, nem mesmo um equívoco. Lisa se sentia envergonhada por aquilo que não sabia. Era um desses momentos de grande clareza em que nem tive que perguntar se estava certa. Sabia que Deus havia revelado o problema real.

Quando Lisa voltou para casa naquela tarde, falamos sobre o que *realmente* havia acontecido. Quando perguntei se teve vergonha naquele momento, ela começou a chorar. Deus me capacitou a ver a necessidade real e a ajudá-la a processar alguns equívocos que ela nutria sobre si mesma. Naquele dia, houve um crescimento real porque a Palavra de Deus guiou minha oração.

Sejam criteriosos e sóbrios; dediquem-se à oração.

— 1Pedro 4:7

Antes de orar:

1. Assegure-se de que seu coração está puro perante Deus

Salmos 66:18 nos lembra: "Se eu acalentasse o pecado no meu coração, o SENHOR não me ouviria." Em seu livro *Prayer Partners*, John Maxwell inverte esse versículo e o transforma em um princípio de companheirismo. Ele escreve: "Se eu acalentasse o pecado no meu coração, *eu não ouviria o Senhor*" (grifo meu). Corações puros ouvem Deus melhor.

2. Reconcilie seu coração com seu filho

Reconciliar o coração com os filhos é especialmente importante no caso de adolescentes ou jovens adultos. Palavras expressadas com raiva criaram um distanciamento? Você agiu com medo em vez de agir como o representante de Deus? Lembre-se do princípio fundamental da oração que Jesus ensinou em Mateus 5:23-24:

> *Se você estiver apresentando sua oferta diante do altar e ali se lembrar de que seu irmão tem algo contra você, deixe sua oferta ali, diante do altar, e vá primeiro reconciliar-se com seu irmão; depois volte e apresente sua oferta.*

Leia esse versículo e substitua "oferta" por "oração"; e "irmão" por "filho". Se possível e Deus o mandar, procure seu filho. Assuma a responsabilidade por suas atitudes e ações. Peça perdão por qualquer coisa que não represente o caráter de Deus. Se distância ou falta de intimidade impedir uma aproximação, confesse essas coisas a Deus para purificar *seu* coração. Não estamos questionando se você ama ou não seu filho. Estamos falando de você amar seu filho com o amor de Deus. Você precisa garantir que culpa, mágoa, raiva e dor não criem obstáculos emocionais para *você* enquanto ora.

3. Encontre um princípio bíblico que trate do assunto

A Bíblia fala claramente sobre questões que podem nos separar dos caminhos de Deus. Ela compartilha verdades eternas e princípios fundamentais. Quando você orar por seu filho em momentos críticos, use um princípio bíblico para focar sua oração. Mesmo que a Bíblia não fale especificamente sobre namoro, há uma variedade de versículos que falam sobre relacionamentos que agradam a Deus. A Bíblia não esclarecerá se seu filho deve escolher o emprego na empresa de informática ou na seguradora, mas diz claramente o que um emprego que agrada a Deus deve trazer para a vida. Ore primeiro os princípios. Permita que os princípios bíblicos moldem os pontos específicos das orações circunstanciais.

Quando orar...

1. Peça discernimento

Discernimento é a habilidade de escolher entre o bom e o melhor. O discernimento espiritual é a habilidade de escolher o que agrada a Deus. Você consegue enxergar que tanto os pais quanto os filhos precisam dessa oração em momentos críticos? O pai pode pedir discernimento para reconhecer os caminhos de Deus para confrontar, encorajar, consolar ou disciplinar. Um filho pode pedir discernimento para escolher o que agrada a Deus. Aprender a discernir é uma faculdade importante em momentos difíceis. Ao orar pelo seu próprio discernimento espiritual, orará com maior compaixão pelo discernimento espiritual de seu filho.

Uma oração por discernimento

Use os seguintes versículos para criar uma oração por discernimento. Ore primeiro por você mesmo. Depois, ore pelos seus filhos.

1Reis 3:9

Provérbios 3:21

Filipenses 1:9-10

2. Ore para entender o problema central

Facilmente nos distraímos com questões secundárias. Muitas vezes, os pais usam suas energias para tratar os sintomas de um problema sem tratar a causa. Peça a Deus que o proteja disso. Peça que lhe mostre a diferença entre os sintomas de um problema e o problema verdadeiro. Uma criança vítima de rejeição talvez tenha que entender seus próprios hábitos hostis ou irritantes. Fazer seu filho simplesmente se sentir melhor é um curativo que encobre um problema mais profundo. E a próxima vez que isso acontecer, provavelmente será pior.

3. Peça que seu filho deseje o que Deus quer

Atos 22:14 diz: "O Deus dos nossos antepassados o escolheu para conhecer a sua vontade." Isso nos lembra de que a resposta à nossa oração não é *nossa* melhor ideia — é a ideia *de Deus*. Ao orar, tente assegurar-se de que suas escolhas e reações provêm da vontade de Deus. Ore para que Deus preencha seu filho com uma fome pela vontade dele (Mateus 5:6). Ore para que seu filho busque o conhecimento da vontade de Deus (Colossenses 1:9). Às vezes, um filho rejeita a vontade de Deus porque não a compreende completamente. Ore para que seu filho entenda as características reais da vontade de Deus. Tudo que você diz ou faz deve contribuir para o que Deus quer que seu filho entenda em relação à vontade dele.

Hebreus 13:20-21 é outra passagem que me ajuda quando estou orando pela vontade de Deus na vida de outra pessoa. Ela me lembra de que "o Deus da paz os aperfeiçoa com todo o bem para fazerem a vontade dele". Não existe coisa mais excitante do que ouvir o testemunho de uma pessoa que obedeceu à vontade de Deus. Essa escolha sempre leva à vitória. Ore para que seu filho obedeça à vontade de Deus e vivencie a sua vitória.

4. Ore para que seu filho entenda o caráter de Deus de maneira mais profunda

Quando alguém rejeita a vontade de Deus, rejeita também parte do caráter dele. Essa pessoa o vê como alguém que ele não é. Qual a característica de

Deus que seu filho precisa compreender mais claramente para confiar que ele realmente sabe melhor — que ele realmente ama melhor e de forma mais profunda do que qualquer outro? Ore ao Deus que sabe tudo sobre seu filho (Salmos 139). Confie que Deus usará tudo que sabe sobre seu filho para elaborar um plano singular que trará coisas boas. Relembre as características de Deus. Ore para que seu filho as reconheça nesse momento difícil.

Agora, conhecendo a Deus, ou melhor, sendo por ele conhecidos, como é que estão voltando àqueles mesmos princípios elementares, fracos e sem poder? Querem ser escravizados por eles outra vez?

— Gálatas 4:9

5. Ore com fé

Fé tem a ver com os recursos de Deus. Fé não tem nada a ver com seus próprios esforços. Fé tem a ver com o foco em Deus e em seu caminho como resultado final de toda oração. Fé não tem a ver com o foco em qualquer circunstância como resultado final.

Muitos de nós já tentamos encontrar confiança nas palavras de Jesus em Mateus 21:21-22:

> *Se vocês tiverem fé e não duvidarem, poderão fazer não somente o que foi feito à figueira, mas também dizer a este monte: "Levante-se e atire-se no mar", e assim será feito. E tudo o que pedirem em oração, se crerem, vocês receberão.*

Talvez estejamos lendo esse versículo de forma errada, enfatizando demais a montanha que se move sem reconhecer a questão principal da oração. A oração real deposita toda fé em Deus e em seu caráter. Não se trata de ativar tudo que existe em *você*. Antes, trata-se de conectar-se com tudo em Deus. Esse tipo de conexão sempre produz fé. Ore com essa verdade em mente, e ore por causa dela.

Você está orando com fé?

1. Você acredita que Deus tem os recursos para lidar com esse assunto crítico?

2. Orar sobre isso o aproxima de uma consciência referente àquilo que Deus é?

3. Você acredita que o que Deus fizer é o melhor, mesmo se não corresponder a seus desejos ou expectativas?

6. Independentemente do que você pedir para seu filho, peça o mesmo para sua vida

Você está pedindo proteção espiritual para seu filho? Em que área você precisa dessa mesma proteção em sua vida? Está orando para que seu filho reconheça e obedeça a vontade de Deus? Em que área Deus está querendo que você reconheça e obedeça sua vontade? Quando pedir a Deus que lhe ensine onde *você* precisa dessa mesma oração, você será capaz de reagir com uma compaixão maior por seu filho em sua luta com o problema dele.

Quando o filho faz uma escolha errada

Em algum momento, seu filho fará uma escolha errada. Talvez ele adie um trabalho importante para a escola, sendo forçado a virar a noite. Talvez você veja sinais de advertência com relação a um novo amigo. Ou talvez seu filho tenha que lidar com as consequências a longo prazo de uma escolha errada. Uma adolescente se torna mãe solteira. Seu filho fere seriamente outra pessoa num acidente de carro porque havia bebido. Como você ora quando a escolha já foi feita e agora começam a surgir as consequências?

Primeiro, busque a presença de Deus com suas preocupações. Ele não poderá ajudá-lo a sentir-se melhor por causa de uma escolha errada. Isso seria racionalização ou negação. No entanto, pode lembrá-lo de que seu amor por seu filho continua forte como sempre. Pode lembrá-lo de como você pode cooperar com o plano dele. Após apresentar suas próprias necessidades a Deus, você estará preparado para orar por seu filho. Seguem algumas formas de como você pode orar:

> Ore para que seu filho reconheça a diferença entre escolhas erradas e escolhas pecaminosas.
>
> Ore por proteção durante um tempo de desobediência ou de obediência adiada.
>
> Ore para que seu filho peça e aceite a força de Deus para suportar consequências difíceis. Coopere com o plano de Deus antes de remover ou minimizar os efeitos de uma escolha.
>
> Peça que Deus use as consequências para ensinar a seu filho a sabedoria de seguir o seu caminho.

O que não sabemos

Nós, pais, muitas vezes nos sentimos oniscientes sobre coisas referentes a nossos filhos. Conhecemos suas personalidades, qualidades, fraquezas e experiências. Um aspecto humilhante de nossa jornada como pais é ter que reconhecer que Deus sabe mais sobre eles do que nós. Parte de nosso papel como pais consiste em entregar a Deus o que sabemos sobre nossos filhos para que ele possa nos dizer o que *precisamos* saber. Ao fazer isso, temos que aceitar o fato de que não podemos saber tudo e de que Deus tampouco nos dirá tudo. Na verdade...

1. Deus revelará os detalhes de sua vontade àquela pessoa que precisa segui-la

Sabemos o que a vontade de Deus diz sobre o perdão, a salvação, a honestidade, a moralidade sexual e várias outras áreas. No entanto, quando a questão é o emprego certo, a casa certa, a escola certa e assim por diante, precisamos achar uma maneira legítima que cumpra as exigências da vontade de Deus expressada nas Escrituras. Mas Deus não nos promete revelar o que outra pessoa precisa fazer — mesmo quando somos os pais dessa pessoa. Ele é Deus da comunicação direta e falará pessoalmente. Cabe a nós encorajar nossos filhos a manter essa comunicação direta com ele.

No entanto, há uma exceção na Bíblia. Deus usa outra pessoa como seu porta-voz quando sabe que é a *única* maneira de determinada pessoa ouvi-lo. Deus já até usou um jumento! Na maioria das vezes, ele usou um profeta ou apóstolo. Não é que Deus nunca usará um pai — o problema é que os pais, muitas vezes, estão envolvidos demais. Entendendo isso você poderá contribuir mais, incentivando seu filho a ouvir Deus e sendo um exemplo disso em sua própria vida.

Isso não significa que Deus não confirmará sua vontade em relação a um filho para os pais. Ele lhe dará as informações que você é capaz de seguir. O ponto crucial é *sua* obediência, não a obediência de seu filho. Essa compreensão nos leva a outro ponto muito importante:

2. Para fortalecer sua oração, fortaleça sua obediência

Nada o atrai ao coração de Deus como a obediência. A obediência abre seu coração para ouvir mais de Deus. Sua obediência a ele o impede de tornar-se cego durante o momento difícil de seu filho. A obediência lhe ajuda a entender o poder de Deus melhor do que qualquer outra coisa. E é isso que você precisa saber quando estiver orando durante um período difícil na vida de seu filho.

Eles sabem que você está orando?

Tenho certeza de que parte do poder da oração é liberado quando contamos a alguém que estamos orando por ele. Quando Lisa me conta de alguma dificuldade em sua vida, minha primeira reação é procurar opções capazes de resolver o problema e dar a ela mais informações. Estou aprendendo a me distanciar disso como reação primária e a lhe dizer que orarei por ela. Percebo certo alívio em sua voz quando faço isso. Dependendo do problema, deixamos tudo de lado naquele momento e oramos juntas.

Naturalmente, existem relacionamentos que dificultam ou nem mesmo permitem esse tipo de comunicação. Não fale que está orando por seu filho como meio de transmitir um sermão. Mostre seu desejo de orar como se estivesse envolvendo seu filho na coberta mais macia que pode encontrar — pois é exatamente isso que você está fazendo.

A melhor maneira de compartilhar que você está orando por seu filho é fazê-lo pela primeira vez num período não crítico. Se seu filho ainda for novo, despeça-se dele na porta da escola dizendo: "Estarei orando por você." Se seu filho adolescente tiver um dia ruim, diga simplesmente: "Não tenho certeza do que pode melhorar seu dia, mas estarei orando por você." A um filho adulto que está viajando de férias, diga: "Estarei orando por uma viagem tranquila e por dias prazerosos." Mas não deixe que suas palavras sejam palavras vazias. *Realmente* ore.

Dependa e aprenda

Questões críticas nos conscientizam de nossa necessidade de ter alguém que saiba mais do que nós mesmos. Por mais difíceis que sejam, às vezes, essas questões nos dão ainda mais razões para depender e aprender com Deus. Nenhum pai gosta de ver seu filho vivenciar a dor e a desigualdade deste mundo; no entanto, é inevitável. Cada problema traz também a oportunidade de aproximar seu filho da vontade e do coração de Deus. Ore com esse foco e com essa paixão. Preocupe-se menos com os detalhes das circunstâncias e mais com a própria conexão com Deus. Deus fará a diferença decisiva na vida de alguém que pede sua ajuda. Essa promessa vale tanto para você, pai, quanto para seu filho.

Orando em momentos críticos

1. Purifique seu coração em sua relação com Deus e com seu filho (Salmos 66:18).

2. Faça uma oração baseada num princípio bíblico antes de falar das circunstâncias.

3. Recite as Escrituras, sobretudo o pai-nosso (Mateus 6:9-13).

4. Peça discernimento e entendimento em relação aos problemas reais (1Reis 3:9).

5. Ore para que seu filho busque a vontade de Deus (Mateus 5:6).

6. Ore para que seu filho venha a entender o caráter de Deus de forma mais profunda (Gálatas 4:9).

7. Ore com fé (Mateus 21:21-22).

8. Independentemente daquilo que você pediu para seu filho, peça o mesmo para sua vida.

9. Para fortalecer sua oração, fortaleça sua obediência (João 14:13-15).

Sua vez

Antes de orar por seu filho, ore por você. Use Salmos 66:18 para pedir que Deus remova qualquer coisa em você que possa impedi-lo de ouvir sua voz. Ore recitando os salmos 23 e 24, pedindo que Deus examine seus pensamentos de ansiedade e avalie cada motivação. Certifique-se de que seu coração está preparado para ouvir as palavras de Deus.

Use os seguintes versículos dos Salmos para lembrar os recursos que Deus tem para períodos de dificuldades:

Salmos 46:1-3
Salmos 103:13-14
Salmos 107:28-29
Salmos 142:3
Salmos 147:5

Escreva uma resposta a Deus que afirme sua capacidade de lidar com essa dificuldade.

Em que áreas de sua vida você precisa obedecer a Deus hoje?

Fortaleçam as mãos cansadas, firmem os joelhos vacilantes; digam aos desanimados de coração: [...] seu Deus virá.

— Isaías 35:3-4

Deus amado,

Somos gratos pelo privilégio de poder ser cocriadores teus. Ficamos maravilhados com a responsabilidade de criar este filho que tu nos deste. Não encontramos as palavras certas para expressar nossa gratidão. Tu tens nos abençoado imensamente. Como podemos te agradecer?

Pais gratos.

Queridos pais gratos,
repassem minha bênção a seus filhos.

Seu primeiro Pai.

6
Orações de bênção e afirmação

A oração mais eloquente é a oração de mãos que curam e abençoam.

— Billy Graham

Toda vez que acontece, é um milagre. Uma forma humana miúda, maravilhosamente protegida dentro do corpo de uma mulher, faz uma jornada transformadora para chegar ao mundo exterior. Vocês se tornam pais. Recebem essa mistura de alegria e responsabilidade com uma variedade de emoções. A maioria diz: "Obrigado" ao acolher esse maravilhoso pacotinho humano em sua fase mais inocente.

Mas as emoções sobem e descem muito rápido! Avance dois ou até treze anos. Provavelmente, gratidão não é o primeiro sentimento que lhe vem à mente quando seus filhos interferem em sua agenda, manipulam suas emoções, desafiam seu autocontrole e o levam a questionar sua sanidade mental. No entanto, é crucial cultivar um espírito de gratidão também nos dias difíceis.

Apesar de não ser apropriado agradecer a Deus por circunstâncias negativas ou atitudes rebeldes, é sempre possível agradecer-lhe pelo milagre da vida e pelo potencial que plantou em cada criança. Lembrar-se de sua gratidão inicial o leva de volta às questões eternas. Como você pode cultivar uma atitude de gratidão que não depende de circunstâncias positivas ou da cooperação dos filhos? Uma maneira é fazer uma oração de bênção.

O que é uma oração de bênção?

Uma bênção é uma expressão ou oração que pede um favor de Deus para alguém. Ela verbaliza o que Deus já anunciou ser sua vontade para essa pessoa. Não se trata de pedir que algo milagroso aconteça na vida de seu filho ou que algo mude. Na verdade, não temos o poder de abençoar alguém. Tudo que podemos fazer é pedir que Deus leve sua bênção a uma pessoa pela qual oramos.

A bênção é uma extensão do caráter e dos recursos de Deus. Ela foca mais em quem Deus é e no que ele representa do que naquilo que desejamos receber dele. Por Deus ser quem é, você pede que ele compartilhe as dádivas do caráter e dos recursos dele com seu filho. São as dádivas da proteção, providência e salvação expressas por nosso Deus, que é todo poder, todo sabedoria e está sempre presente.

A Bíblia está repleta das bênçãos de Deus. Muitas vezes, começam com as palavras "Que o Senhor..." seguidas por aquilo que a pessoa esteja pedindo a Deus. Cada pedido está arraigado no caráter dele. Não é simplesmente um pedido por coisas boas. Quando vinculada ao caráter de Deus, a bênção é uma oração que ele deseja responder na vida de seu filho.

Orações bíblicas de bênção

Ao ler cada uma destas bênçãos bíblicas, identifique o traço do caráter de Deus invocado pela oração:

"Que o SENHOR nos vigie, a mim e a você, quando estivermos separados um do outro" (Gênesis 31:49). ______________

____

____

"Seja o SENHOR leal e fiel com vocês" (2Samuel 2:6).

"Que o SENHOR, teu Deus, esteja contigo" (2Samuel 14:17).

"Que o SENHOR te responda no tempo da angústia" (Salmos 20:1).

"O Senhor conduza seus corações ao amor de Deus e à perseverança de Cristo" (2Tessalonicenses 3:5).

"Que o Senhor faça crescer e transbordar o amor que vocês têm uns para com os outros e para com todos, a exemplo de nosso amor por vocês" (1Tessalonicenses 3:12).

"Que o próprio Senhor da paz lhes dê a paz em todo o tempo e de todas as formas" (2Tessalonicenses 3:16).

Você percebe como as orações de bênção são, ao mesmo tempo, declaração e pedido? Essas orações reconhecem que Deus é onisciente, onipresente, bondoso, fiel, que possui muitos recursos, muito amor e que é o epítome da paz. É uma oração poderosa que pede que Deus conscientize seu filho desses aspectos de seu ser. É produtiva quando seu filho permite que Deus aja em sua vida dessas maneiras. É verdadeiramente uma bênção reconhecer e receber os favores divinos.

Jerry e Lynda Cohagen aprenderam a importância da bênção que pediram para seu filho, Chase. Aquilo se tornou tão parte da rotina antes de se deitar que, quando tinha um ano de idade, Chase começava a esfregar sua orelha direita, a chupar seu dedo e a ter dificuldades de manter seus olhos abertos assim que os pais começavam a orar. Aos 14 meses de idade, passou cinco dias com seus avós. Infelizmente, os avós não conheciam esse importante ritual. Quando Jerry e Lynda ligaram para saber se estava tudo bem, a avó lhes contou sobre um estranho hábito noturno. Assim que colocava Chase em seu berço, ele dizia repetidamente "bençú, bençú". Com apenas 14 meses de idade, Chase queria ser abençoado!

A bênção de boa noite

Que Deus te abençoe e te vigie.

Que seus anjos te guardem e te protejam.

E que, quando acordares de manhã,

Saibas que és amado.

Jerry e Lynda Cohagen.

O que é uma afirmação?

Afirmar alguém significa declarar positivamente e com confiança aquilo que é verdade. Uma afirmação não é, necessariamente, uma oração. No entanto, pode se transformar em uma quando você pede que Deus ajude seu filho a reconhecer e aceitar as verdades da afirmação.

As afirmações têm mais a ver com a personalidade do que com a conduta. Elas ajudam a identificar a criação essencial de seu filho por Deus e também as características e habilidades que Deus lhe deu. Numa sociedade que, muitas vezes, se orienta pela conduta em suas habilidades paternas, é muito importante aprender a afirmar positiva e confiantemente aquilo que é verdade sobre seu filho — independentemente de como ele se comporta.

Como mãe, foi muito difícil aprender isso, especialmente após ter estudado na faculdade alguns dos modelos de transformação de conduta. Eu sabia como elogiar Lisa com afirmações positivas quando ela obedecia e arrumava seu quarto. Mas não sabia como afirmar seu espírito sem vincular essa afirmação à sua conduta. Tive que fazer uma lista de afirmações e me esforçar conscientemente para verbalizá-las durante a semana.

Minha primeira lista identificou o sorriso contagiante de Lisa, seu espírito sensível e suas gargalhadas despreocupadas. Aos poucos, avancei para reconhecer sua contribuição alegre para nosso mundo, sua habilidade de me ajudar a ver coisas pela primeira vez ou de modo diferente, sua liberdade brincalhona. Percebi que afirmar Lisa tinha o efeito de derramar um bálsamo de cura em seu espírito. Não se tratava de me agradar ou obedecer. Tratava-se da minha compreensão de quem Lisa realmente era.

O banco de afirmações

Escreva dez afirmações para cada um de seus filhos.

Nome

1.

2.

3.

4.

5.

6.

7.

8.

9.

10.

Risque uma afirmação após fazê-la. Cada semana acrescente outras cinco afirmações e faça-as. Opção: faça isso também para seu marido ou sua esposa.

É possível que algum dia se esgotem as afirmações sobre uma pessoa criada por Deus?

Por que essas orações são importantes

1. Vivemos numa sociedade negativa

É triste que a TV use um modelo de comédia que baseia seu humor nos aspectos negativos de outra pessoa. Pior ainda quando mandamentos desobedecidos se tornam o fundamento do humor. O negativismo se apodera de nossos filhos nas escolas com acusações e palavrões. Quando os modelos negativos são mais numerosos do que os positivos, nosso trabalho fica duplamente difícil.

2. São necessárias dez palavras positivas para anular o efeito de uma negativa

Dez palavras positivas para compensar uma negativa? Talvez a relação verdadeira seja ainda maior, mas, de toda forma, isso nos ajuda a perceber o poder que as palavras negativas exercem sobre uma pessoa. Você faz ideia de quantas palavras positivas nossos filhos precisam ouvir de nós para neutralizar o prejuízo causado pelas palavras negativas que ouvem no trabalho ou na escola? Faça o que for necessário para transformar seu lar num lugar seguro onde as palavras positivas de afirmação e bênção ajudem seus filhos a curar e cultivar seus espíritos. Se seu filho não vive mais em casa, faça o maior esforço possível para usar qualquer comunicação com ele para afirmações generosas.

Isso não significa desculpar más condutas. Mas cria limites para tratar de uma conduta desobediente, desrespeitosa ou danosa. Sempre afirme alguma qualidade que Deus deu à personalidade de seu filho quando o repreender. Suas palavras devem ser claras, mas não devem acrescentar nada ao repertório de palavras negativas de seu filho.

Para Chase

Querido Chase, Deus nos abençoa contigo hoje,
e nessa dádiva vemos novamente a face dele.
Pois tu és amor transformado em carne para mostrar-nos
que Deus ainda manifesta a nós seu amor e sua graça.
De nosso lar faremos uma fortaleza inabalável,
que resista aos ataques e às tempestades lá de fora.
"O amor perseverará" será nosso hino,
para banir todos nossos medos e nossas dúvidas.
Deus te confiou a nós, e assim
pedimos sabedoria em seu nome
para que saibas em cada situação
que para sempre lar e misericórdia são a mesma coisa.
E esta será nossa oração por ti, querido filho:
Que Deus e tu caminhem sempre como um.

Lynda Cohagen.

1. Palavras positivas de bênção e afirmação são grandes agentes de transformação

Quanto maior a frequência com que uma criança ouve uma afirmação, mais acreditará que é verdade. Dizê-la, no entanto, não a torna verdadeira. Rejeitá-la não a torna falsa. Mas as verdades das afirmações e as esperanças das bênçãos não podem liberar suas dádivas se não forem aceitas. Muitas vezes, a coragem de crescer e mudar é resultado daquilo que uma criança ouve como verdade sobre sua personalidade, suas qualidades e seu futuro. Compartilhe suas bênçãos e afirmações como agente de transformação que você foi chamado a ser como pai.

2. Vivemos numa sociedade acusadora

As afirmações e bênçãos nos ajudam a romper o círculo de acusação. É impossível abençoar e culpar ao mesmo tempo. É impossível acusar e afirmar ao mesmo tempo. A natureza das afirmações e bênçãos o forçam a usar outro tipo de vocabulário para expressar verdades positivas. Acostume-se com esse tipo de vocabulário em sua família. Todos precisam dele.

Uma lição importante

Aprendi algo importante sobre afirmações com o livro *Children Are Wet Cement* [Crianças são cimento fresco], de Anne Ortlund. Lisa e eu estávamos atravessando um período difícil, iniciando nossa jornada como mãe e filha. Ela acabara de ser diagnosticada com artrite reumatoide juvenil, e era da minha responsabilidade ajudá-la a completar uma série de exercícios dolorosos duas vezes ao dia. Para um melhor resultado terapêutico, era importante que ela relaxasse durante os exercícios. Mas Lisa não conseguia relaxar os braços e as pernas, pois qualquer movimento lhe causava dor. Esforcei-me ao ponto de ficar frustrada tentando incentivá-la a fazer a coisa certa. Eu era toda explicação, críticas, definições e proibições.

Nada disso a ajudou. Então, li o livro de Anne Ortlund sobre afirmações e isso me ajudou a reconhecer que eu estava dizendo a Lisa as coisas que ela *não* estava fazendo, em vez de afirmar aquilo que era verdade. Mudei minha abordagem. Em vez de tentar levá-la a fazer determinadas coisas, passei a afirmar sua disposição, sua cooperação, seu esforço de entender. Percebi que agora estava usando mais expressões do tipo "É isso aí. Muito bem". Descobri que a afirmação *antes* da conquista resultava num progresso maior. Foi mais fácil para nós *duas*.

Orando afirmações

Faça uma lista de cinco características da personalidade de seus filhos. Escolha as que você tem certeza que são verdadeiras — independentemente de sua conduta.

Nome					
1.					
2.					
3.					
4.					
5.					

Confesse sua incapacidade de reconhecer essas características com a frequência necessária. Peça que Deus o ajude a reconhecer a personalidade essencial de seu filho, independentemente de como ele esteja usando essas características.

Estabeleça uma meta para suas afirmações

Exemplo: Uma por dia. Sempre depois da escola. A primeira coisa a fazer de manhã.

____

____

Encontre um versículo que mostra como Deus quer usar essa característica para o bem de seu filho. Ore por seu filho, recitando esse versículo com regularidade.

Exemplos: Colossenses 3:12; Efésios 6:10.

____

____

A postura de gratidão

Um dos efeitos de orar proclamando bênçãos e afirmações é que você desenvolve uma postura de gratidão. Ou você agradece a Deus pelos recursos ilimitados de seu poder e caráter para agir em prol de seu filho, ou você simplesmente encontra mais razões de ser grato por ele. Continuar agradecendo a Deus pelo seu filho é uma bênção por si só. Fazer disso um hábito prepara você para ouvir a voz de Deus e daqueles sob seus cuidados quando as circunstâncias se tornam difíceis.

1. Agradeça Deus por seus filhos todos os dias

Durante as tarefas rotineiras de sua vida como pai ou mãe, agradeça a Deus pelo filho que ele lhe deu. Quando a gratidão se torna uma reação rotineira, será mais fácil pedir e receber a sabedoria de Deus nos momentos difíceis. A gratidão molda sua perspectiva e o ajuda a focar no melhor, e não nas dificuldades.

2. Faça uma lista de agradecimentos, ou inicie um diário de gratidão

Em determinados dias é mais fácil agradecer do que em outros. Use esses dias mais fáceis para elaborar sua lista ou para escrever em seu diário. Ao descobrir novos privilégios de ser pai ou mãe, separe alguns minutos para anotar seus agradecimentos. Depois, quando suas responsabilidades desafiarem sua habilidade de agradecer, leia a lista e lembre-se das realidades que não sofrem mudanças pelas dificuldades.

Obrigado, Deus

Inicie uma lista de agradecimentos ou escreva uma mensagem agradecendo a Deus pelos seus filhos. Acrescente outras coisas pelas quais você sente gratidão.

3. Ore e agradeça

Orar agradecendo deveria ser um ensaio para você dizer obrigado a seus filhos. Os filhos precisam que você os afirme. Precisam ouvir isso muitas vezes ao longo do dia. Você não deve se limitar a agradecer por coisas boas que eles tenham feito. Complete esta frase várias vezes durante o dia: "Você é tão ________________________________."
Hábil, talvez? Ou feliz? Ou criativo? Fique atento a novas maneiras de expressar suas observações. Deixe um lembrete no travesseiro. Coloque uma mensagem na lancheira. Esconda outra num lugar onde seu filho vai achá-la. Observe o brilho nos olhos de seu filho quando ele vivenciar os efeitos dessas expressões positivas.

4. Expresse sua gratidão e suas afirmações em público

Gabe-se de seus filhos. Não exagere ao ponto de se tornar vergonhoso. Simplesmente expresse as afirmações na frente de outras pessoas quando os filhos estiverem presentes. Lembre-se — não se gabe daquilo que *fazem*. Isso pode estabelecer um padrão que eles terão dificuldades de alcançar. Trata-se de afirmar aquilo que eles *são*.

Senhor,

Estes são meus lindos filhos. Foste tão bom ao dá-los a mim. Agradeço por eles e pela alegria que me dão. Peço tua orientação para que eu possa ser o exemplo que precisam ver. Quando cometer erros, ajuda-me a reconhecê-los. Acima de tudo, Senhor, quero ser uma boa mãe, pois sei que os filhos são uma dádiva tua. Ajuda-me a crescer como a mãe que tu queres que eu seja. Ajuda-me a apresentar-te a meus filhos e a ensinar-lhe teus caminhos. Ajuda-me a viver e expressar a gratidão que preenche meu coração.

Obrigada,

Uma mãe grata,

Ina Strait.

Bênçãos bíblicas

As bem-aventuranças (Mateus 5:3-11) declaram a benevolência de Deus para aqueles que adotam os padrões de seus discípulos em suas vidas. Por exemplo, orar para que seu filho seja "pobre de espírito" não tem a ver com a falta de dinheiro ou com ser deprimido ou desmotivado. Trata-se de entender o quão pobres e impotentes nós somos sem o Senhor. Trata-se de entender que Deus deseja abençoar cada vida com as riquezas de sua redenção.

A bênção de Jabez em 1Crônicas 4:10 atraiu muita atenção porque é uma oração pela providência e proteção de Deus. Ela ajuda àqueles que fazem essa oração a ficar atentos às oportunidades que Deus espalha pelas nossas vidas.

Talvez a oração de bênção mais usada da Bíblia seja a de Números 6:24-26: "O SENHOR te abençoe e te guarde; o SENHOR faça resplandecer o seu rosto sobre ti e te conceda graça; o SENHOR volte para ti o seu rosto e te dê paz." Os coros a cantam nas igrejas, e os pastores encerram com ela o culto. Ela contém tudo aquilo que necessitamos de Deus para uma vida produtiva e que agrade a ele.

A bênção para as crianças

O Senhor te abençoe.
Que tu ouças a voz de Cristo
e respondas a ela.
Que Deus mantenha teu coração aberto e amável para com ele.
Que aprendas a reconhecer o quanto ele te ama.
E que respondas ao amor de Deus pelo resto de tua vida.

Debbie Goodwin.

Abençoe-os

Se você não souber como ou por que orar por seu filho, ore uma bênção. Bênção nunca é demais. Reúna um grupo de outros pais e se comprometam a fazer apenas orações de bênçãos por seus filhos. Falem sobre como isso os ajuda a reconhecer as maneiras como Deus está agindo nas vidas de seus filhos e em suas próprias. Celebrem as descobertas feitas ao procurar novos entendimentos sobre seus filhos. Bênçãos são orações positivas que libertam. Nada acalma mais um coração do que uma oração de bênção.

Aprenda a fazê-las com frequência. Você vai acabar reconhecendo essa forma de oração como uma boa maneira de celebrar as fases de vida de seus filhos e de conectá-los com os recursos de Deus. Pense em escrever orações para seus aniversários, o início do ano letivo, o início do verão, namoro, casamento, o primeiro filho. As possibilidades são infinitas, como o é também a benevolência de Deus. Essa é a maior bênção. Que você possa descobrir isso para si mesmo e para seus filhos.

Orando bênçãos e afirmações

1. Uma bênção declara a benevolência de Deus para seus filhos.

2. A bênção é uma extensão do caráter de Deus.

3. Uma afirmação declara uma verdade de forma positiva.

4. Afirme a personalidade, não a conduta de seu filho.

5. A gratidão é um efeito das bênçãos e afirmações.

Sua vez

Comece com uma promessa bíblica. Muitos pais costumam usar Jeremias 29:11, Filipenses 4:19 ou até mesmo o salmo 23. Como você pode transformar essas passagens numa oração de bênção?

Combine uma afirmação (uma declaração sobre a personalidade) com uma bênção (a declaração da benevolência de Deus). Use estes exemplos para começar: Filipenses 1:9-11, 1Samuel 23:21, 25:33; 2Samuel 2:4-6.

Faça da passagem bíblica uma oração de bênção, iniciando-a com "Que Deus...". Tente isso com 1Coríntios 1:5-9.

Recebi uma ordem para abençoar [...] e não posso mudar isso.

— Números 23:20

Amado Deus,

Estamos maravilhados com tua obra na vida de nossos filhos. Tu resgataste, restauraste, fortaleceste, amaste, curaste, perdoaste e transformaste. Somos testemunhas oculares do teu poder e da tua criatividade. O que podemos fazer para garantir que isso continue?

Em completa humildade.

Queridos humildes,
nunca deixem de orar.

O Deus que responde.

7
Nunca deixe de orar

O céu está cheio de respostas a orações, respostas para pessoas que jamais se deram o trabalho de pedir.

— Billy Graham

Se a oração realmente faz uma diferença, nenhum pai deveria começar o dia sem orar. Se Deus realmente deseja uma conversa contínua conosco sobre os filhos que ele nos emprestou, então deveríamos retirar qualquer obstáculo ou distração que nos impede de ouvir suas instruções. Se somos os representantes de Deus na vida dos filhos dele, então deveríamos estar sempre de joelhos a orar.

A oração é o grito desesperado daquele que sabe que sua única esperança é Deus.

— Mark Goodwin

A oração não é um ritual ou alguma fórmula composta de palavras especiais. É uma conexão íntima com o coração do Criador. Nós entramos na presença de Deus para que ele compartilhe sua presença conosco. Sim, podemos derramar nossos corações e pedir por coisas específicas. Mas a oração é mais do que um despejamento catártico de estafa emocional. É mais do que a mais íntima lista de desejos do coração. Por meio da oração, Deus, o Criador do equilíbrio e da complexidade de nosso mundo, fala conosco sobre aquilo que ele sabe. Ele compartilha aquele passo que dá início a uma resposta. Sempre nos dá algo a obedecer, pois sabe como é difícil para nós não ter nada a fazer. Normalmente, não é o que esperamos. Muitas vezes, é um passo de entrega. É essa entrega que nos transforma. É essa entrega que nos capacita como instrumentos da vontade dele na vida de nossos filhos.

Ore primeiro

Aprenda a orar primeiro. Ore antes de corrigir seu filho e antes de tomar uma decisão disciplinar. Ore antes de fazer a ameaça que não pretende cumprir. Se você permitir, Deus lhe ajudará a identificar as questões em jogo. Ele ajudará a fazer o tipo de diferença que realmente importa.

Maneiras de orar por seus filhos

1. Compre uma Bíblia. Leia-a, datando e sublinhando cada passagem que você orar por seus filhos. Num momento significativo, dê-lhes a Bíblia como presente.

2. Pergunte a seus filhos pelo que você deve orar.

3. Encontre ou escreva orações especiais como presente de aniversário ou outros dias especiais.

4. Comprometa-se a orar por seus filhos num momento especial durante o dia ou enquanto você estiver fazendo suas tarefas de rotina.

5. Ponha fotos de seus filhos em sua casa para lembrar-se de orar por eles.

6. Entre no quarto do filho quando ele estiver dormindo. Ajoelhe--se do lado de sua cama para orar.

7. Entre no quarto do filho quando ele estiver fora de casa. Use itens do quarto que possam ajudá-la a orar pelo seu filho.

8. Quando não estiverem juntos, use algo que pertença a seu filho como lembrete de orar por ele. Envie um símbolo a seu filho como promessa de oração.

9. Colecione orações que lhe ajudam a expressar aquilo pelo que deseja orar. Anote a data toda vez que usá-las. Aprenda com elas como orar.

10. Faça uma caminhada de oração com seu filho. Use objetos do mundo de Deus para incentivar orações de gratidão ou orientação. Pare e ore, depois continue sua caminhada.

Ore por tudo

Não há nada que seja insignificante demais para uma oração. Se dizer respeito a você ou seu filho, trata-se de algo com que Deus quer lhe ajudar. Ore pelas provas deles na escola e sua reação às notas. Ore pelos professores e suas possibilidades de cooperar com eles. Ore para que as conversas durante o almoço sejam positivas e afirmadoras. Ore pelos namoros. Ore pela segurança na estrada. Ore por seu trabalho e ore por eles quando estiverem à procura de um emprego. Ore pelos seus casamentos e suas habilidades como pais. Ore para que encontrem lugares de serviço e ministério numa igreja que lhes ajude a crescer espiritualmente. Sempre há motivos para uma oração.

Não andem ansiosos por coisa alguma, mas em tudo [...] apresentem seus pedidos a Deus.

— Filipenses 4:6

Por que se preocupar?

Por que se preocupar se você pode orar? Essa é a mensagem que Deus nos ensina em sua Palavra. Ele nos diz que não conseguimos fazer nada de produtivo ou positivo se nos preocuparmos. A preocupação encolhe a alma e afasta os filhos. A preocupação foca nas circunstâncias que normalmente não controlamos. A preocupação gera medo, não paz. Ela nos rouba a confiança em vez de aumentá-la.

Você é um orador *preocupador*?

Quando Lisa era adolescente, ela participou de um pequeno grupo musical de jovens. Donna se ofereceu a liderar o grupo. Certo dia, Lisa voltou de um ensaio muito frustrada para casa, por causa da forma como os outros adolescentes haviam tratado Donna. Ficamos tristes ao ouvir isso porque sabíamos que Donna havia recebido notícias terríveis durante o fim de semana. O câncer que havia regredido voltara e seu futuro era incerto. Dissemos a Lisa o quanto ela precisava de seu apoio por ter recebido notícias difíceis.

Uma semana mais tarde, Donna me procurou com um cartão que Lisa escrevera para ela. Nele, Lisa lhe agradecia por trabalhar com seu grupo musical. Uma frase se destacava. Lisa escreveu que queria ser sua "preocupadora" [em inglês: "worrier"] de oração. É claro que Lisa queria dizer "guerreira" [em inglês: "warrior"]. Mas quantas vezes nós nos tornamos *preocupadores* em vez de *guerreiros*? É uma questão de focar em circunstâncias ou em Deus. Às vezes, concentramo-nos teimosamente em apenas uma coisa ou não estamos dispostos a submeter nossa perspectiva finita a Deus, que vê tudo.

Orar não é apenas algo com que iniciamos e encerramos nosso dia. A oração é vida. É algo para pessoas ocupadas que não dispõem de um momento calmo durante o dia. É algo para aqueles que conseguem separar um tempo de atenção focada para "aquietar-se e saber" (Salmos 46:10). Não existe razão para não orar.

Para tornar-se um pai que ora, você precisa começar a orar. É simples assim. Não importa se você usar os princípios apresentados neste livro ou algum outro modelo útil, o importante é que você ore — com frequência, sempre, sem cessar.

Será que Deus pode calar você no meio de uma frase para dizer-lhe que você está falando demais a seu filho? Ele pode, sim, se você pedir quando ora. Sua obediência em momentos pequenos, mas decisivos, se torna sua oração. A obediência será sempre mais valiosa do que qualquer palavra que você possa dizer. Isso significa que ouvir a voz de Deus é uma oração: obedecê-lo é oração. Não se trata das palavras. Trata-se do coração — de Deus e seu.

A oração faz uma diferença duradoura

Não há como expressar o valor de um pai que ora na vida de um filho. Suas atitudes e seus hábitos, suas prioridades e seus valores moldam seus filhos. Ninguém é nem nunca será um pai perfeito. No entanto, todos podem ser pais que oram. A oração é a abertura de que Deus precisa para fazer uma diferença em sua vida e na vida de seu filho. Faça da oração sua prática mais importante como pai. Ore por tudo. Ore todo dia. Ore quando você não tiver vontade de orar. Ore mais quando você tiver vontade de orar. Ore ao Deus que sabe mais do que você. Ore ao Deus cujas armas de amor e compaixão o sustentarão durante a pior das tempestades. Não se trata de receber algo quando você ora. Trata-se de conectar-se com Deus.

Nunca, jamais deixe de orar por seus filhos. Não existe problema que seja grande demais para Deus. Nenhuma rebelião é violenta demais. Nenhuma verdade é feia demais. Nenhum passado é horrível demais. Não existe pecado que não possa ser perdoado. Caia nos braços daquele que ama você e seus filhos mais do que você jamais ousou imaginar. Confie em suas respostas e em seu plano, independentemente das aparências. Faça uma diferença duradoura nas vidas de seus filhos por meio da oração. Não importa o que aconteça com você ou com eles, nunca, jamais deixe de orar.

Amado Deus,

Apresentamo-nos a ti como pais chamados para ser teus representantes nas vidas dos filhos que tu nos emprestaste. Examina nossas palavras e nossos corações. Confronta-nos com qualquer coisa que não represente teu caráter. Incentiva-nos quando nos sentirmos inexperientes e incompetentes. Usa teu amor de pai para satisfazer as necessidades mais profundas de nossos corações e cura nossas mágoas mais profundas. Obrigado por seres nosso Pai como modelo onipresente, independentemente dos outros modelos que encontramos. Obrigado por seres um Pai positivo, afirmador e transformador. Faz de nós esse tipo de pai em nossas palavras e ações. Que nunca tenhamos medo de nos entregar, mesmo quando o preço pareça alto. Que vivamos cada dia no conhecimento de que não existe nada de que tu privarás a nós ou a nossos filhos que possa fazer uma diferença duradoura. Confiando nessa verdade, buscamos a tua resposta para que nossas orações sejam os pedidos que tu já estás realizando.

Com todo amor e uma confiança que só cresce,

Muitos pais.

Sua vez

Qual é a coisa mais importante que você aprendeu sobre a oração durante esta jornada? Já fez alguma diferença?

Escreva um compromisso de oração para cada um de seus filhos baseado no exemplo a seguir. Talvez você queira entregá-lo a eles como presente especial de aniversário ou de Natal. E todo ano, faça uma prestação de contas.

Defina como você pretende estabelecer um tempo regular para orar por seus filhos e anote isso. Encontre um parceiro para prestar contas. Relate a ele seus progressos a cada semana e cada mês.

Nunca pare de orar.

Eu me comprometo

( ) A apresentar-me a Deus para que ele me analise antes de falar com ele sobre você.

( ) A obedecer qualquer coisa que ele pede de mim referente às minhas atitudes, palavras ou ações.

( ) A confiar você a ele, sabendo que ele o ama ainda mais do que eu.

( ) A orar por você regular e especificamente.

( ) A buscar nas Escrituras as orações que Deus quer que eu faça por você.

( ) A aprender a orar primeiro, antes de falar ou sugerir ou criticar.

( ) A perguntá-lo com frequência se existe algo pelo qual você quer que eu ore.

( ) A compartilhar com você as lições que estou aprendendo sobre a oração e como essas lições estão me transformando.

Sei que o que me aconteceu resultará em minha libertação, graças às orações de vocês.

— Filipenses 1:19

Contribuidores de Orações

Jerry e Lynda Cohagen: Juntos, Jerry e Lynda publicaram uma coluna sobre assuntos de família, e escreveram, publicaram e apresentaram peças sobre casamento e família. No entanto, sua parceria mais importante foi a que deu origem a Chase e Tori. Eles continuam a fazer suas orações como pais em Bourbonnais, no estado de Illinois, onde Jerry trabalha como professor e diretor do departamento de teatro da Olivet Nazarene University, e Lynda é professora numa escola pública de ensino médio.

Dave e Becky Le Shana: O dr. Le Shana é o ex-presidente da George Fox University, da Seattle Pacific University e do Western Evangelical Seminary. Ele e sua esposa, Becky, adoram apoiar seus quatro filhos adultos em suas aventuras como pais. Vivem em Lake Oswego, em Oregon, onde o dr. Le Shana continua ocupado, servindo em vários conselhos internacionais e colegiais.

Bette Dale Moore: Uma educadora musical muito admirada nas escolas públicas de Nampa, no estado de Idaho. Bette Dale Moore criou e dirige uma apresentação musical sobre prevenção de drogas que é apresentada em todo o estado. Ela usa sua energia para escrever, publicar, apresentar e dirigir música e teatro em sua igreja, na escola de ensino fundamental, na universidade e no teatro da comunidade. No entanto, nada exige mais de sua energia ou oração do que criar seus dois filhos.

Gary Sivewright: Gary tem ajudado muitos pais e jovens adultos a passar pela etapa da faculdade com seu trabalho como professor e capelão da Mount Vernon Nazarene University. Ele e sua esposa, Carol, sobreviveram aos tempos de faculdade de seus filhos, Chad e Jason. Gary é escritor, um comunicador talentoso e um conselheiro respeitado. Ele e Carol continuam orando por seus filhos adultos.

Stan e Linda Toler: Stan é pastor da Trinity Church of the Nazarene, em Oklahoma City. É também um escritor muito produtivo, um palestrante provocador e pai de dois filhos. Ele sabe a diferença que a oração faz. Linda, a esposa de Stan, é professora do terceiro ano. Stan é famoso por sua série *Minute Motivator*, e suas publicações mais recentes são *The Secret Blend* e *The Cycle of Victorious Giving*.

Este livro foi composto em Garamond Premier Pro, 11/15
e impresso pela Edigráfica sobre papel Chambril Avena 80g
para a Thomas Nelson Brasil em outubro de 2013.